CULT

LOCATIONS

TECTUM
PUBLISHERS

Tectum Publishers of Style

© 2009 Tectum Publishers NV
Godefriduskaai 22
2000 Antwerp
Belgium
p +32 3 226 66 73
f +32 3 226 53 65
info@ tectum.be
www.tectum.be

ISBN: 978-90-79761-01-2
WD: 2009/9021/3
(81)

© 2009 edited and content creation by fusion publishing gmbh Berlin
www.fusion-publishing.com
info@fusion-publishing.com

Team: Dirk Alt (Editor), Martin Joachim (Texts), Nathalie Grolimund (Editor, Layout),
Jan Hausberg (Imaging & Pre-press), Sabine Scholz (Text coordination)
Translators: Conan Kirkpatrick (English introduction) and Marcel Saché (French) - Suzanne Kirkbright / Artes Translations
Robert Rosenbaum and Christie Tam (English) - RR Communications, Michel Mathijs (Dutch) - M & M translations bvba

Printed in China

CULT

LOCATIONS

DESTINATIONS ETCHED IN OUR MEMORY

TECTUM
PUBLISHERS

The Empire State Building in New York, the Eiffel Tower in Paris, the Kremlin in Moscow—what's a trip to a popular destination without seeing its landmarks? Seeing the aforesaid sites is on the 'To-do' list of every visitor, but there's a lot more to these destinations than just being tourist attractions. Each one has its own story to tell, each one has seen its share of extraordinary events. Over time, those stories and events made them symbolic characters in a class by themselves; they created a cult status for them, turning them into "cult locations".

Why don't we hang out in New York for a while and visit the Empire State Building, previously the tallest skyscraper in the world, shall we? Let's take the elevator all the way to the viewing platform on top where a spectacular panoramic view of the Big Apple awaits us the same way it has millions of others who've been up there. But it's not just this panoramic view that makes the Empire State Building such a cult visit. The distinction also goes to what may be its most popular visitor ever—King Kong, the greatest gorilla in movie history, as he tried to shake off his pursuers from up there, only to be mortally wounded and plunge to his death. The original version of the monster classic from 1933 remains unrivaled to this day and who could ever forget the image of the pretty lady in Kong's fist way up high on top of the building?

However, "cult locations" aren't always about being super-sized. In fact, sometimes all it takes is two feet for fame to become larger than life. That's the actual size of a naked bronze figure called "Manneken Pis"—Brussels' Pissing Boy. Day in, day out, for the whole world to see, this little guy gets to pee into that fountain and always get away with it. That's because he stands for the joy of living and for tolerance, which has made him the symbol of the Belgian capital.

What is a "cult", anyway? What is a "cult location"? The term "cult" stems from the Latin word cultus, meaning "religion" and "worship"—even in a figurative sense. We've all heard of cult movies, cult books and cult cars that are the stuff of legends. What they all share is the fact they owe much of their fame to their fans and followers, who saw a kind of quality in these objects so unique that it just felt natural to elevate them to cult status.

That said, Cult Locations takes a closer look at the locations around the world that have achieved cult status. What distinguishes these locations from the usual tourist sites and attractions is their unparalleled appeal, their one-of-a-kind character and also what it is they stand for. To be sure, this doesn't necessarily mean that the religious ceremonies one location is known for never actually took place or that they don't take place today. Just look at Mecca, which remains the same essential destination to Muslims from all over the world today that it always was. But religious sites aside, there are also numerous locations turned into memorials as a result of consequential events in history, remarkable architectural structures standing as technical marvels from their eras or natural landmarks formed over the course of millennia. Sports competitions have made some stadiums famous around the world and cult events continue to attract mass audiences. Never underestimate the role played by the media in the cult status of certain locations whether it was in the form of movie productions, television or even music. For example, when particular landscapes provide the background for blockbusters or businesses serve as the sets for movie plots. Remember "Katz's Delicatessen", the New York deli shop where Meg Ryan stages her reverberating orgasm as one of the main casts in "When Harry Met Sally"? That deli shop became a cult!

In essence, there are always two forces at work that keep a "cult location" alive: one, the myth surrounding such a location and, two, its extraordinary attraction, both of which the location inherited on account of its history, whatever the reason.

Naturally, not every "cult location" is going to meet everyone's idea of a "cult". Ultimately, it always comes down to the way we feel and think as individuals. Still, reading about the locations presented in this book makes it impossible not to be moved by their powerful allure right up to the end of the book, which will leave many readers with only one conclusion, "I've gotta go there!"

L'Empire State Building, la Tour Eiffel ou le Kremlin sont incontournables lorsqu'on visite New York, Paris ou Moscou. Ces bâtiments, emblématiques de toute une ville, ne sauraient cependant se réduire à de simples curiosités touristiques. Riches de leur histoire et théâtres d'événements exceptionnels, ils sont devenus de véritables symboles et ont acquis un statut de "lieux cultes".

Reprenons l'exemple de l'Empire State Building de New York. Même si ce gratte-ciel n'est plus aujourd'hui le plus haut du monde, il reste particulièrement impressionnant, tant par la vitesse de ses ascenseurs que par la vue grandiose qu'il offre sur *Big Apple* que l'on découvre du haut de sa plate-forme panoramique. C'est pourquoi des millions de personnes l'ont visité et continuent d'y venir chaque année. Autre raison de sa popularité : la scène finale du film *King Kong*, dans laquelle le gorille géant vient se réfugier tout en haut du gratte-ciel, avant d'être mitraillé par des avions et de s'effondrer dans le vide. Ce classique du genre "film de monstres", réalisé en 1933, reste une oeuvre de référence. La scène où King Kong se tient debout au sommet de l'Empire State Building, tenant la belle actrice dans une main, fait partie de la mémoire du cinéma.
Dans un tout autre registre, le Manneken Pis de Bruxelles, figurine en bronze de seulement soixante-et-un centimètres de haut, montre quant à lui qu'un lieu culte n'est pas forcément gigantesque. Ce petit personnage nu qui urine continuellement dans une fontaine publique sans être inquiété symbolise la tolérance et la joie de vivre qui caractérisent la capitale belge.

La question se pose donc : comment définir un lieu culte ? De la même manière que l'on parle d'un film ou d'un livre culte, il s'agit de quelque chose de particulier, chargé de caractère, de légendes ou d'histoire, qui s'est fixé dans notre mémoire collective.

Les lieux cultes du monde entier présentés dans cet ouvrage se distinguent des simples curiosités habituelles par leur pouvoir d'attraction particulier, leur forte personnalité et leur valeur symbolique. Certains sont d'ailleurs de véritables lieux de culte, comme La Mecque, qui attire un flot ininterrompu de pèlerins. D'autres doivent leur statut exceptionnel aux événements historiques qui s'y sont déroulés, à l'excellence de leur architecture, aux prouesses technologiques dont ils sont le reflet, ou encore - dans le cas de sites naturels - aux millions d'années nécessaires à leur formation. D'autres, comme les stades olympiques, sont universellement célèbres pour les compétitions sportives ou les concerts mémorables qui s'y sont déroulés. Enfin, certains lieux sont également entrés dans la légende grâce au cinéma, à la télévision ou à la musique. Citons notamment le restaurant new-yorkais Katz's Delicatessen, désormais indissociable de la comédie *When Harry Met Sally*, dans laquelle Meg Ryan, qui tient le rôle principal, simule un orgasme à table, face à un Billy Cristal médusé.

Les lieux cultes vivent ainsi de la légende qui les entoure et du pouvoir d'attraction particulier qu'ils ont acquis au fil de leur histoire, pour des raisons les plus diverses. Si chacun d'entre eux conserve un public d'inconditionnels, attiré par des goûts très personnels, il fascine aussi le plus grand nombre pour cette petite part de magie qui lui est propre, et qui nous fait penser au fil des pages de cet ouvrage : "Il faut absolument que j'y aille".

De Empire State Building in New York, de Eiffeltoren in Parijs, het Kremlin in Moskou – wat is een trip naar een populaire bestemming zonder het zien van zijn trekpleisters? Het bezoeken van de hogergenoemde locaties staat op het 'To-do'-lijstje van elke bezoeker, maar deze bestemmingen zijn heel wat meer dan alleen maar toeristische attracties. Elk heeft zijn eigen verhaal te vertellen, elk heeft zijn deel van buitengewone gebeurtenissen gekend. In de loop van de tijd hebben deze verhalen en gebeurtenissen deze locaties verheven tot symbolische plaatsen buiten categorie, ze een bijzondere status bezorgd, ze met andere woorden omgetoverd tot "cultlocaties".

Zullen we naar New York vliegen en een bezoek brengen aan de Empire State Building, ooit de hoogste wolkenkrabber ter wereld? We nemen de lift tot helemaal boven, op het observatieplatform, waar ons – net zoals de miljoenen anderen die ons voor geweest zijn – een spectaculair panoramisch uitzicht op de Big Apple wacht. Maar het is niet alleen dit magnifieke uitzicht dat van de Empire State Building een locatie met cultstatus maakt. Het unieke zit ook in zijn beroemdste bezoeker ooit: King Kong, de grootste gorilla uit de filmgeschiedenis, probeerde daar zijn achtervolgers van zich af te schudden, om tenslotte dodelijk gewond zijn dood tegemoet te vallen. De originele versie van deze monsterklassieker uit 1933 blijft tot op vandaag ongeëvenaard en wie zou ooit het beeld kunnen vergeten van de mooie vrouw in Kongs vuist, daar boven op de top van het gebouw?

Cultlocaties hoeven echter niet altijd gigantische afmetingen te hebben. Soms is al een goede halve meter voldoende om wereldberoemd te worden. Dat is namelijk de reële grootte van het naakte bronzen figuurtje in Brussel dat bekend staat onder de naam "Manneken Pis". Onder het toeziend oog van de hele wereld, plast dit kleine mannetje dag in, dag uit in een fontein en niemand die er aanstoot aan neemt. De reden: het jongetje staat voor levensvreugde en verdraagzaamheid, wat hem tot het symbool van de Belgische hoofdstad maakte.

Overigens, wat is "cult" eigenlijk? En wat is dan een "cultlocatie"? Het begrip "cult" stamt van het Latijnse woord cultus, wat "religie" en "aanbidding" betekent – ook in overdrachtelijke zin. We hebben allemaal al wel eens gehoord van cultfilms, cultboeken en cultwagens waarrond een hele legende is opgebouwd. Wat ze allemaal gemeenschappelijk hebben, is het feit dat ze veel van hun roem te danken hebben aan hun fans en volgelingen, die in deze objecten een zo unieke kwaliteit zagen dat het gewoon heel natuurlijk aanvoelde om ze tot cultstatus te verheffen.

In dit boek gaan we op zoek naar locaties overal ter wereld die een cultstatus hebben verworven. Wat deze locaties van de gewone toeristische sites en trekpleisters onderscheidt, is hun ongeëvenaarde aantrekkingskracht, dat "zo is er maar één"-karakter, maar ook datgene waarvoor ze staan. Voor alle duidelijkheid, dit betekent niet noodzakelijk dat de religieuze ceremonies waarvoor een locatie gekend is, nooit effectief hebben plaatsgevonden of dat ze vandaag niet meer zouden plaatsvinden. Kijk bijvoorbeeld naar Mekka, dat voor moslims van over de hele wereld vandaag nog steeds dezelfde essentiële bestemming is die het altijd al was. Maar er zijn ook talrijke locaties die omwille van historische gebeurtenissen tot een gedenkplaats zijn uitgegroeid, opmerkelijke architecturale bouwwerken die symbool staan voor de technische wonderen van hun tijd of ook nog natuurlijke oriëntatiepunten die in de loop van millennia zijn gevormd. Sportcompetities hebben dan weer een aantal stadions wereldberoemd gemaakt en cultevenementen blijven de massa aantrekken. Onderschat ook nooit de rol die de media spelen in het tot stand komen van de cultstatus van bepaalde locaties, of het nu in de vorm van filmproducties, televisie of zelfs muziek is. Bijvoorbeeld wanneer bepaalde landschappen de achtergrond vormen voor kaskrakers of wanneer handelszaken als set voor filmplots dienst doen. Herinner je je "Katz's Delicatessen", de zaak in New York waar Meg Ryan luidop een orgasme simuleert in een van de belangrijkste scènes uit "When Harry Met Sally"? Die delicatessenzaak kreeg echt een cultstatus!

In wezen zijn er altijd twee krachten aan het werk die een "cultlocatie" levendig houden: de mythe die een dergelijke locatie omgeeft en, ten tweede, haar uitzonderlijke aantrekkingskracht. Beide factoren vinden hun oorsprong in haar geschiedenis, wat ook de reden moge zijn.

Natuurlijk zal niet elke hierin opgenomen "cultlocatie" voor iedereen een cultstatus hebben. Uiteindelijk komt het altijd neer op de wijze waarop we als individuen voelen en denken. En toch, wanneer je leest over de locaties die in dit boek worden voorgesteld, blijft het bijna onmogelijk om niet te worden geroerd door hun allure. En dit het hele boek door, waarna vele lezers tot een en dezelfde slotsom komen: "Daar moet ik absoluut naartoe!".

When pictures began to move in the late 19th century, they paved the way for the success story of modern motion pictures. Over the course of the following decades, the unstoppable rise of the film industry gave birth to the production of classics unrivaled in their remarkable themes, the brilliant work of their directors and actors, in their special cutting and dialogue techniques and, last but not least, the "sets" where they were shot. More than a few of these sets involved some of most picturesque regions in some of the most diverse parts of the world. Others involved certain buildings like Rick's Café in Casablanca that provided the background for some of the major scenes of "Casablanca", that famous B&W from 1942 starring Humphrey Bogart and Ingrid Bergman. Considered to be one of the best movies of all times, "Casablanca" has made that café, which never existed at any time during the making of the movie or afterwards until its official opening in 2004, a point of attraction today for fans from around the world. Or look at Tiffany's, the New York jewelry business that was immortalized by the movie "Breakfast at Tiffany's" as well as Audrey Hepburn's portrayal of party girl Holly Golightly to become a "drawing point" for many tourists to the Big Apple to this day.

Le succès du cinéma ne s'est jamais démenti depuis que le septième art a fait son apparition à la fin du XIXᵉ siècle. Les films produits depuis cette époque ont abordé tous les thèmes imaginables et certains sont devenus des classiques grâce au talent d'une multitude de cinéastes, scénaristes ou comédiens. Parfois aussi grâce aux lieux remarquables où ils ont été tournés. Parmi les décors célèbres du cinéma, on compte non seulement des paysages magnifiques sur tout le globe, mais aussi des endroits "insolites" devenus légendaires. Citons par exemple le décor de Rick's Café, où Humphrey Bogart et Ingrid Bergman évoluent dans *Casablanca*, film en noir et blanc réalisée en 1942 et considérée comme l'un des plus grands chefs-d'oeuvre de tous les temps. Un véritable bar portant ce nom a ouvert à Casablanca en 2004, et attire depuis des fans du film venus du monde entier. Citons encore la bijouterie Tiffany, qui compte parmi les plus importantes curiosités touristiques de New York, grâce au rôle tenu par Audrey Hepburn dans *Breakfast at Tiffany's*.

Toen in de late 19de eeuw beelden begonnen te bewegen, was dit het begin van het succesverhaal van de moderne speelfilm. In de loop van de volgende decennia leidde de onstuitbare opmars van de filmindustrie tot de productie van klassiekers, uniek in de opmerkelijke thema's die ze behandelen, het schitterende werk van hun regisseurs en acteurs, de speciale montage- en dialoogtechnieken en, niet in het minst, de "sets" waarin ze zich afspelen. Daarbij ging het meer dan eens om bijzonder pittoreske regio's uit de meest diverse delen van de wereld. Bij andere waren het dan weer bepaalde gebouwen die eruit sprongen, zoals Rick's Café, dat de achtergrond vormde voor enkele van de belangrijkste scènes van "Casablanca", de beroemde zwart-witfilm uit 1942 met Humphrey Bogart en Ingrid Bergman. Algemeen beschouwd als een van de beste films aller tijden, heeft "Casablanca" van dit café, dat tijdens het draaien van de film en tot aan de officiële opening in 2004 niet eens bestond, vandaag een trekpleister gemaakt voor fans vanuit de hele wereld. Of neem nu Tiffany's, de New Yorkse juwelenzaak die onsterfelijk werd gemaakt door Audrey Hepburns portret van party girl Holly Golightly in de film "Breakfast at Tiffany's" en die tot op vandaag een magnetische aantrekkingskracht blijft uitoefenen op ontelbare toeristen die de Big Apple bezoeken.

MEDIA | MEDIA | MEDIA

As the center of Manhattan's financial district, Wall Street is the symbol of U.S. financial hegemony and the location of numerous large banks, as well as the New York Stock Exchange, the largest stock market in the world. Its historic nadir was the devastating Crash of 1929, which triggered a worldwide depression. Wall Street has a mythic quality and is the center of many conspiracy theories in film and literature involving secret behind-the-scenes intrigues. One of its most famous speculators is the unscrupulous Gordon Gekko, played by Michael Douglas in the Oliver Stone film "Wall Street." In 1987, Douglas received an Oscar for his starring role.

Centre névralgique de la finance à Manhattan, *Wall Street* symbolise à lui seul l'hégémonie de la puissance économique américaine. C'est ici que siègent de nombreuses banques d'affaires et que se trouve la légendaire Bourse de New York – la plus importante au monde ; ici encore que s'est produit le crash boursier de 1929, à l'origine d'une crise économique mondiale aux conséquences désastreuses. D'innombrables scénarios de romans et de films tentent de retranscrire les complots qui se trament dans les coulisses de ce quartier légendaire. Citons notamment *Wall Street*, réalisé par Oliver Stone en 1987, qui valut à Michael Douglas un Oscar pour son interprétation du rôle de Gordon Gekko, un spéculateur sans scrupules.

Als het middelpunt van Manhattans financiële district staat Wall Street symbool voor de financiële hegemonie van de VS. Het is ook de locatie van talrijke grote banken en van de Beurs van New York, de grootste aandelenbeurs ter wereld. Een historisch dieptepunt was de verwoestende crash van 1929, die tot een wereldwijde depressie leidde. Wall Street heeft een haast mythische faam en vormt ook de achtergrond van vele samenzweringstheorieën in film en literatuur met geheime intriges in donkere achterkamertjes. Een van zijn meest beruchte speculanten is de gewetenloze Gordon Gekko, gespeeld door Michael Douglas in de film "Wall Street" van Oliver Stone. In 1987 kreeg Douglas een Oscar voor zijn hoofdrol in deze prent.

Traders on the floor of the New York Stock Exchange. | Des traders de la Bourse de New York. | Traders op de vloer van de Beurs van New York.

MEDIA | MEDIA | MEDIA

Romeo and Juliet at the Geary Theater, San Francisco, 1940. |
Romeo et Juliette au Geary Theater, San Francisco, 1940. |
Romeo en Juliet in het Geary Theater, San Francisco, 1940.

William Shakespeare was born April 23, 1564 in England and died on that date 52 years later. |
William Shakespeare est né le 23 Avril 1564 en Angleterre ; il est mort à la même date 52 ans plus tard. |
William Shakespeare werd geboren op 23 april 1564 in Engeland en overleed op die datum exact 52 jaar later.

William Shakespeare's "Romeo and Juliet" is the most famous love story in world literature. The tragedy is mainly set in Verona, the home of the two feuding families, and the alleged house of Juliet's parents, the "Casa di Giulietta," is a must-see for lovers visiting the city. In the courtyard beneath the balcony, couples pledge eternal love and write inscriptions on the walls. It's a little less romantic when you realize that the balcony was purposely installed for the sake of tourists!

L'histoire d'amour de *Roméo et Juliette* imaginée par William Shakespeare est incontestablement la plus célèbre idylle de toute l'histoire de la littérature. L'intrigue, qui se déroule à Vérone, en Italie, met en scène deux jeunes amants en proie aux querelles incessantes opposants leurs familles. Une visite à la *Casa di Giulietta*, maison paternelle supposée de l'héroïne, est donc incontournable pour tous les amoureux venus découvrir la ville, sur les traces des malheureux amants. Réunis sous le balcon de Juliette, ils se jurent fidélité et gravent symboliquement leurs noms sur les murs... Un détail néanmoins à préciser aux puristes : le balcon a été ajouté à la façade à l'attention des touristes !

William Shakespeares "Romeo en Juliet" is het beroemdste liefdesverhaal uit de wereldliteratuur. De tragedie speelt zich voornamelijk af in Verona, de thuishaven van de twee ruziënde families, en het vermeende huis van Juliet's ouders, het "Casa di Giulietta", is een verplichte halte voor liefdeskoppels die de stad bezoeken. Op het binnenplein onder het balkon beloven koppels elkaar eeuwige trouw en laten ze inscripties achter op de muren. Het wordt al iets minder romantisch wanneer je weet dat het balkon speciaal voor de toeristen werd gebouwd!

The Walk of Fame is a tribute set in stone to the show business greats. Since 1960, over 2,300 artists have been honored with a pink terrazzo and bronze star, some of them more than once. There are currently 2,371 terrazzo and bronze stars lining Hollywood Boulevard, with about twenty new stars being added each year. A star on the Walk of Fame is the city's way of honoring the greatest stars of the American entertainment industry. Alongside superstars such as Michael Jackson and Marilyn Monroe, movie dog Lassie also has her place. Around 800 damaged stars are slated to be renovated for the Walk of Fame's 50th anniversary in 2010.

La *Walk of Fame* rend hommage aux plus grandes stars du show business américain. Sous la forme d'étoiles de bronze et de marbre rose enchâssées sur le trottoir d'Hollywood Boulevard, plus de deux mille trois cents artistes ont ainsi été immortalisés depuis 1960, parfois à plusieurs reprises. Parmi ces personnalités, citons notamment Michael Jackson, Marilyn Monroe ou encore Lassie, le chien vedette. Chaque année, une vingtaine de nouvelles étoiles apparaissent, et l'on célèbrera en 2010 le cinquantenaire de la "Promenade des célébrités". Une occasion de restaurer les quelques huit cents plaques endommagées !

De Walk of Fame is een in het voetpad ingewerkt eerbetoon aan de grote sterren van de showbusiness. Sinds 1960 werden hier al meer dan 2.300 artiesten geëerd met een roze terrazzo met bronzen ster, een aantal onder hen zelfs meer dan eens. Momenteel sieren 2.371 van deze stervormige tegels het voetpad van Hollywood Boulevard en elk jaar komen er een twintigtal nieuwe sterren bij. Met een ster op de Walk of Fame eert de stad de grootste sterren van de Amerikaanse entertainmentindustrie. Naast supersterren zoals Michael Jackson en Marilyn Monroe heeft ook de hond Lassie er een ereplaats. Zo'n 800 beschadigde sterren worden naar verluidt gerenoveerd voor de 50ste verjaardag van de Walk of Fame in 2010.

The park-like Père Lachaise Cemetery, opened in 1804, was originally in an unattractive area outside Paris. But when its management decided to publicly transfer the mortal remains of Héloïse and Abélard, Molière, and La Fontaine to their cemetery, others wanted to be buried there as well. Today, Père Lachaise is the final resting place of over 300,000 souls and is world-famous for its many interred celebrities. Tourists can take a pilgrimage to the graves of Balzac, Chopin, Oscar Wilde, Edith Piaf, Jim Morrison, and many, many more.

Lors de son aménagement en 1804, le *Cimetière du Père Lachaise* était encore une zone peu attractive à l'extérieur de Paris. C'est pour remédier à cette situation défavorable que les autorités ont décidé un jour d'y transférer les dépouilles mortelles de personnages célèbres, tels qu'Héloïse et Abélard, Molière ou La Fontaine. Depuis, le cimetière a connu un regain d'intérêt, et ce sont plus de trois cent mille personnes qui y sont désormais enterrées, parmi lesquelles un grand nombre de célébrités. Les touristes peuvent ainsi se recueillir sur les tombes de Balzac, Chopin, Oscar Wilde, Edith Piaf, Jim Morrison... et beaucoup d'autres encore.

De parkachtige begraafplaats Père Lachaise, geopend in 1804, lag oorspronkelijk in een onaantrekkelijke buurt buiten Parijs. Maar toen het management besloot om de stoffelijke resten van Héloïse en Abélard, Molière en La Fontaine publiekelijk naar deze begraafplaats over te brengen, wilden ook anderen hier begraven worden. Vandaag is Père Lachaise de laatste rustplaats van meer dan 300.000 zielen en is ze wereldberoemd omwille van de vele beroemdheden die hier begraven liggen. Toeristen kunnen er op bedevaart komen naar de graven van Balzac, Chopin, Oscar Wilde, Edith Piaf, Jim Morrison en nog vele anderen.

MEDIA | MEDIA | MEDIA | MEDIA | MEDIA

More than any other landmark, the 15-meter-tall, 137-meter-long "Hollywood" sign on Mount Lee overlooking Los Angeles embodies the dreams, glamour, and longing for success associated with the American film industry. Originally built in 1923, the first "Hollywoodland" sign was a marketing stunt put on by a real estate company. Rigged out of telephone poles, pipes, wires, and scaffolding, and equipped with thousands of light bulbs, it quickly became the symbol of the Dream Factory, and remained so until 1949. The white letters finally passed into legend in 1932, when a failed starlet plunged to her death from the top of the "H."

Plus que tout autre symbole, les lettres formant le mot *Hollywood* au sommet du mont Lee, en surplomb de Los Angeles, incarnent parfaitement le glamour et les rêves de succès liés à l'industrie du cinéma. Hautes de 15 mètres, pour une longueur totale approchant les 137 mètres, elles ont pour origine l'imagination farfelue d'un agent immobilier qui, en 1923, eut l'idée de promouvoir son activité sur des poteaux téléphoniques recouverts de tissus, de morceaux de bois et de milliers d'ampoules électriques. Le sigle – "Hollywoodland" jusqu'en 1949 – devint bientôt l'emblème de la fabrique à rêves hollywoodienne, alors en plein essor. Mais c'est en 1932 que les neuf lettres blanches entrèrent définitivement dans la légende, lorsqu'une actrice désespérant de connaître le succès se jeta dans le vide depuis la cime de l'immense "H"...

Het 15 meter hoge en 137 meter lange "Hollywood"-teken op Mount Lee hoog boven Los Angeles is meer dan de zoveelste toeristische bezienswaardigheid: het belichaamt de dromen, de glamour en de drang naar succes die worden geassocieerd met de Amerikaanse filmindustrie. Oorspronkelijk, in 1923, vormden de letters het woord "Hollywoodland", en waren ze een marketingstunt van een vastgoedonderneming. In elkaar gezet met telefoonmasten, buizen, draden en steigers en uitgerust met duizenden gloeilampen, groeiden ze echter al snel uit tot het symbool van de Droomfabriek en dat bleef zo tot in 1949. De witte letters werden definitief een legende in 1932, toen een mislukt filmsterretje van op de letter "H" haar dood tegemoet sprong.

The movie "Forrest Gump," winner of six Oscars, was the inspiration for the "Bubba Gump Shrimp Company" seafood chain. This first theme restaurant of its kind was established in Monterey, California, in 1996, two years after the successful opening of the film. In the movie, Forrest Gump (Tom Hanks) becomes a shrimp fisherman to fulfill his promise to his friend Bubba, who was killed in Vietnam. To earn money, he establishes the successful "Bubba Gump Shrimp Company"—on which the current franchise is modeled.

Ouvert en Californie en 1996, le restaurant *Bubba Gump Shrimp Company*, spécialisé dans les produits de la mer, est directement inspiré de *Forrest Gump*, film aux six Oscars dont Tom Hanks incarne le rôle titre. Dans ce film, pour honorer une promesse faite à son camarade Bubba mort au Vietnam, Forrest Gump devient pêcheur de crevettes. Face au succès inattendu de son entreprise, le héros lance un restaurant appelé *Bubba Gump Shrimp Company*, qui servira de modèle à la véritable auberge de Monterey. Le premier restaurant d'une longue liste de franchisés à succès.

De film "Forrest Gump", winnaar van zes Oscars, vormde de inspiratie voor de "Bubba Gump Shrimp Company", een keten van visrestaurants. Het eerste themarestaurant in zijn soort werd geopend in Monterey, California, in 1996, twee jaar na de succesvolle lancering van de film. In de film wordt Forrest Gump (een rol van Tom Hanks) een garnaalvisser om zijn belofte aan zijn vriend Bubba, die in Vietnam werd gedood, gestand te doen. Om geld te verdienen, richtte hij de succesvolle "Bubba Gump Shrimp Company"op, die model stond voor de huidige franchise.

"Katz's Delicatessen" on New York's Lower East Side has been the premier address for fine diners since 1888. This gourmet restaurant first achieved international fame in 1989 in the romantic comedy "When Harry met Sally." Katz's was the setting for their famous date, when the star Meg Ryan reached a real "climax" in her career as an actress. The loudly simulated orgasm sounded so real that a woman seated at the next table asked for the same dish in hopes of enjoying the same effect.

Depuis 1888, le restaurant du Lower East Side *Katz's Delicatessen* détient le titre de l'adresse préférée des fins gourmets de New York. Le lieu est mondialement célèbre depuis la sortie en 1989 de la comédie romantique *Quand Harry rencontre Sally*. C'est en effet au "Katz's" qu'a été tournée la scène culte dans laquelle Meg Ryan (Sally Albright) simule un orgasme tapageur à son partenaire Billy Crystal (Harry Burns). Dans la scène, son imitation parait si réelle qu'une femme d'un certain âge, assise à quelques tables de là, s'empresse de commander le même plat, espérant visiblement éprouver les mêmes sensations !

"Katz's Delicatessen" in de New Yorkse wijk Lower East Side is al sinds 1888 een favoriet adres voor iedereen die van lekker eten houdt. Dit restaurant voor fijnproevers verwierf internationale faam in 1989 dankzij de romantische komedie "When Harry met Sally". Katz's vormde het decor voor hun befaamde date, toen filmster Meg Ryan de "climax" van haar acteercarrière bereikte. Het luid gesimuleerde orgasme klonk zo echt dat een vrouw aan de tafel ernaast hetzelfde gerecht vroeg in de hoop hetzelfde genot te mogen ervaren.

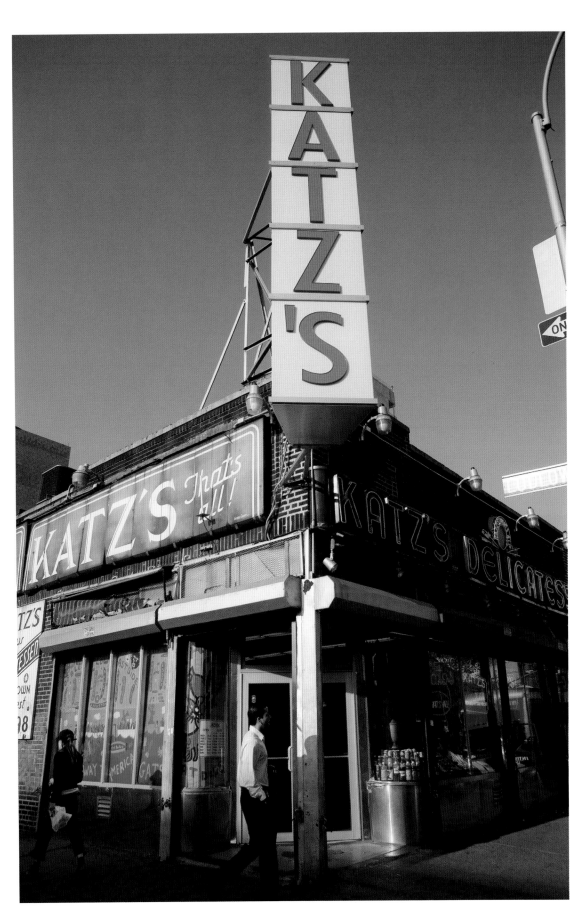

In terms of fame, no other cabaret in the world comes close. Since it opened its doors in 1889, the Moulin Rouge in low-Montmartre has been the symbol of the Paris red-light district, and is best known for being the original venue for the Cancan. Its atmosphere was immortalized for all time in the works of the painter Henri de Toulouse-Lautrec, and it has continued to serve as a showcase for the revues and songs of world-famous artists. The establishment has already appeared in a number of films, most recently in the 2001 "Moulin Rouge" starring Nicole Kidman.

C'est sans conteste le plus célèbre cabaret du monde. Ouvert au pied de la Butte Montmartre en 1889, le *Moulin Rouge* est rapidement devenu le symbole du bas-Montmartre et de ses lieux de plaisirs — notamment grâce au French Cancan qu'il a initié. On retrouve l'atmosphère unique et débridée de ce Paris populaire dans les toiles du peintre Henri de Toulouse-Lautrec, et, au fil des époques, sa scène a accueilli nombre d'artistes de renom qui y ont présenté des revues ou interprété leurs chansons. Dernièrement, le Moulin s'est attiré les faveurs de l'industrie du cinéma : sujet de plusieurs films, on se souvient surtout de *Moulin Rouge*, en 2001, dans lequel Nicole Kidman tient le rôle principal.

Wat bekendheid betreft, komt geen enkel ander cabaret ter wereld nog maar in de buurt. Al sinds de Moulin Rouge in 1889 zijn deuren opende in het lager gelegen deel van Montmartre, is ze wereldberoemd als het symbool van de Parijse rosse buurt én als de plek waar de Cancan werd geboren. De atmosfeer werd voor altijd onsterfelijk gemaakt in de werken van schilder Henri de Toulouse-Lautrec en het cabaret bleef al die tijd fungeren als proeftuin voor de revues en songs van wereldberoemde artiesten. De zaak speelde ook al een rol in een aantal films, het meest recent nog in 2001 in "Moulin Rouge" met Nicole Kidman.

Before it even existed, Rick's Café Américain was world-famous as the location of the 1942 film "Casablanca," directed by Michael Curtiz. In this classic tale—recently chosen as one of the best film love stories of all time—Rick's café is the backdrop for a fateful encounter between former lovers Rick Blaine and Ilsa Lundt, played by Humphrey Bogart and Ingrid Bergman. Although the film was shot on a movie set, in 2004 a copy of the fictional café was constructed in Casablanca that possesses all the atmosphere and ambiance of the original. There's even a pianist who plays "As Time Goes By," so that real-life lovers can still say, "Play it again, Sam."

Avant même d'exister réellement, le *Rick's Café* bénéficiait d'une très grande popularité auprès des cinéphiles grâce à *Casablanca*, le film culte de Michael Curtiz réalisé en 1942. L'œuvre de Curtiz, proclamée "meilleur film romantique de tous les temps", raconte l'histoire de Rick Blaine et d'Ilsa Lundt, incarnés à l'écran par Humphrey Bogart et Ingrid Bergman. En 2004, c'est l'ensemble des décors du tournage d'origine qui ont servi à la décoration d'un bar de la ville éponyme, dans laquelle on retrouve l'atmosphère si particulière dépeinte dans *Casablanca*. Comme dans le film, un pianiste interprète *"As Time Goes By"*, de sorte que les amoureux présents dans la salle peuvent s'amuser à lui demander : "Play it again, Sam".

Nog voor het zelfs maar bestond was Rick's Café Américain al wereldberoemd als de locatie van "Casablanca," de film uit 1942 geregisseerd door Michael Curtiz. In deze filmklassieker – recent nog verkozen tot een van de beste liefdesverhalen van het witte doek aller tijden – vormde Rick's Café het decor voor de voorbestemde ontmoeting tussen de voormalige geliefden Rick Blaine en Ilsa Lundt, gespeeld door Humphrey Bogart en Ingrid Bergman. Hoewel de film in een filmstudio werd gedraaid, werd in 2004 in Casablanca een kopie van het fictieve café gebouwd, volledig in de sfeer en met de ambiance van het origineel. Er is zelfs een pianist die "As Time Goes By" speelt zodat ook echte geliefden de memorabele woorden "Play it again, Sam" kunnen uitspreken.

Love. Peace. Music. The highpoint of the hippie movement was the legendary Woodstock music festival in 1969, which attracted 500,000 visitors to the otherwise sleepy town of Bethel, north of New York City. Thirty rock stars and rock bands entertained the public for four days. Although the extremely peaceful event—originally planned for an audience of only 50,000—was marred by rain, catastrophic infrastructure, and collective drug consumption, it became the symbol of the flower power era's longing for a more humane world, free of social constraints. Today, the festival is commemorated by the film "Woodstock" (1970) and a museum in Bethel.

"Peace and Love" : telle est la devise du mouvement hippie, dont le point d'orgue fut sans conteste le *Festival de Woodstock* en 1969 ; près d'un demi million de personnes se sont alors rassemblées à Bethel, petite localité habituellement bien tranquille du nord de l'État de New York, pour écouter quatre jours durant le show d'une trentaine de stars et de groupes pop conviés pour l'évènement. Malgré une réalité traversée de complications – un site prévu seulement pour cinquante mille personnes, une pluie incessante, une infrastructure catastrophique et des troubles provoqués par l'usage massif des drogues – *Woodstock* est devenu le symbole du *"Flower Power"* et de l'aspiration de toute une génération à un monde plus humain et dégagé des conventions bourgeoises. Le film musical de Michael Wadleigh réalisé en 1970 et le musée ouvert à Bethel en mémoire de cet évènement permettent de se rappeler aujourd'hui encore des temps forts du festival.

Liefde. Vrede. Muziek. Het hoogtepunt van de hippiebeweging was het legendarische Woodstock-muziekfestival van 1969, dat 500.000 bezoekers lokte naar het anders zo slaperige stadje Bethel, ten noorden van New York City. Dertig rocksterren en rockbands entertainden er vier dagen lang het publiek. Hoewel het uitzonderlijk vredevolle evenement – oorspronkelijk gepland voor een publiek van slechts 50.000 mensen – geteisterd werd door regen, een catastrofale infrastructuur en collectief drugsgebruik, groeide het uit tot hét symbool van het flowerpowertijdperk, waarin werd gestreefd naar een meer humane samenleving, wars van sociale beperkingen. Vandaag wordt het festival nog herdacht in de film "Woodstock" (1970) en door een museum in Bethel.

If you ever want to come back to Rome, be sure to toss a coin into the Trevi Fountain. Goethe neglected to do so, and that was a mistake—he never did manage to return. But that isn't the only thing the Fontana di Trevi is known for. The most famous scene in the film classic "La Dolce Vita" by Federico Fellini was Anita Ekberg's midnight swim in the fountain. When the film premiered in 1960, the bold eroticism of this episode set off a genuine scandal. Although the fountain scene was banned, it has often been imitated. In 2007, a woman swam in the fountain in the nude, to the applause of the crowd—that is, until the carabinieri took her away.

Si vous espérez revenir un jour à Rome, n'oubliez pas de jeter une pièce dans la *Fontaine de Trevi*. Goethe, commettant l'erreur fatale, a négligé cette tradition : il n'a ensuite jamais revu la "Ville Éternelle". Mais ce splendide édifice doit avant tout sa notoriété à la *Dolce Vita* de Federico Fellini, et plus particulièrement à la scène où Anita Ekberg s'adonne à une baignade de nuit dans les eaux de la fontaine. L'érotisme de cette scène a suscité un véritable scandale lors de la première du film en 1960. Et, malgré sa condamnation sans appel, elle est depuis lors à l'origine d'un grand nombre d'imitations. Ainsi, en 2007, des carabiniers durent intervenir pour évacuer une jeune femme se baignant nue dans la *Fontaine de Trevi*, sous les applaudissements de la foule ravie.

Als je ooit nog naar Rome wil terugkeren, mag je zeker niet vergeten om een muntstuk in de Trevifontein te gooien. Goethe deed het niet en maakte hiermee een vergissing, want terugkeren lukte hem niet meer. Maar dat is niet het enige waarvoor de Trevifontein gekend is. De beroemdste scène in de filmklassieker "La Dolce Vita" van Federico Fellini was Anita Ekbergs middernachtelijke zwempartij in de fontein. Toen de film in 1960 in première ging, ontketende de boude erotiek van deze scène nog een echt schandaal. En hoewel de fonteinscène werd geknipt, werd ze nog vaak geïmiteerd. In 2007 zwom een vouw naakt in de fontein rond, onder luid applaus van talrijke toeschouwers, tot de carabinieri haar uit het water haalden.

The mighty, 18.3-meter-high portraits of four U.S. presidents—George Washington, Thomas Jefferson, Theodore Roosevelt, and Abraham Lincoln—blasted and carved in granite on South Dakota's Mount Rushmore, are the ultimate symbol of America. Completed in 1941, the monument portrayed the most important representatives of America at that time, thus embodying freedom and democracy, America's most important values. Alfred Hitchcock chose this spectacular location to shoot the final showdown in "North by Northwest," his film starring Cary Grant and Eva Marie Saint.

Les portraits des quatre présidents américains (George Washington, Thomas Jefferson, Theodore Roosevelt et Abraham Lincoln) taillés dans le granit du *mont Rushmore* (Dakota du Sud) constituent l'un des plus sémillants symboles des États-Unis. Ces statues gigantesques, atteignant plus de 18 mètres de haut et achevées en 1941, célèbrent la gloire des plus grands hommes politiques ayant dirigé le pays et incarnant plus qu'aucun autre les valeurs phares de l'Amérique : la liberté et la démocratie. Alfred Hitchcock ne s'y est pas trompé en tournant dans ce site exceptionnel les scènes finales de *La Mort aux trousses*, avec Cary Grant et Eva Marie Saint.

De majestueuze 18,3 meter hoge portretten van vier Amerikaanse presidenten – George Washington, Thomas Jefferson, Theodore Roosevelt en Abraham Lincoln – uitgehouwen in graniet op South Dakota's Mount Rushmore, vormen het ultieme symbool van Amerika. Voltooid in 1941, portretteerde het de belangrijkste vertegenwoordigers van Amerika op dat ogenblik en belichaamde het op die manier de fundamentele waarden van Amerika, vrijheid en democratie. Alfred Hitchcock koos deze spectaculaire locatie uit voor het beslissende treffen in "North by Northwest", zijn film met in de hoofdrollen Cary Grant en Eva Marie Saint.

MEDIA | MEDIA | MEDIA | MEDIA | MEDIA

Founded in New York City in 1837, Tiffany & Co. is the world's most exclusive jeweler. It was immortalized in the Truman Capote novel, "Breakfast at Tiffany's," and then again in the classic 1961 Blake Edwards film of the same name, starring Audrey Hepburn. This bittersweet romance about party girl Holly Golightly and the young writer Paul Varjak continues to inspire countless couples to journey to the film's location, and many a marriage contract has been sealed with the famous Tiffany setting engagement ring.

Fondée à New York en 1837, *Tiffany & Co.* est "la" bijouterie de luxe par excellence. Rendue célèbre grâce au roman de Truman Capote, *Breakfast at Tiffany's*, ainsi qu'au film éponyme réalisé par Blake Edwards en 1961 – et dont Audrey Hepburn tient dans le rôle principal –, elle est devenue un lieu chargé de sens. L'histoire d'amour douce-amère entre la call-girl Holly Golightly et le jeune écrivain Paul Varjak incite encore de nombreux amoureux à se rendre sur les lieux du tournage, et plus d'une demande en mariage s'est accompagnée d'un cadeau de choix : la célèbre bague de fiançailles *"Tiffany Setting"*.

Opgericht in New York City in 1837, is Tiffany & Co. uitgegroeid tot 's werelds meest exclusieve juwelier. De shop werd onsterfelijk gemaakt in de roman van Truman Capote, "Breakfast at Tiffany's," en later, in 1961, nog een keer op het witte doek in de gelijknamige klassieker van Blake Edwards met Audrey Hepburn. De bitterzoete romance tussen party girl Holly Golightly en de jonge schrijver Paul Varjak blijft talloze koppels inspireren tot een reis naar de filmlocatie en veel huwelijkscontracten werden ondertussen bezegeld met een verlovingsring van bij Tiffany's.

John Travolta, 1980.

With two 27-meter-high coral red columns, a stone dragon, and a curved bronze roof marking its entrance, the Chinese Theatre—built in Hollywood in 1927 and named after its builder, Sid Grauman—is an impressive structure. However, most visitors are more interested in the hand- and footprints found in the cement forecourt, commemorating many important film premiers. Mary Pickford and Douglas Fairbanks were the first stars to leave their impressions in 1927, followed by two hundred more. The prints belonging to Charlie Chaplin disappeared in 1928 under mysterious circumstances.

Avec son porche constitué de deux colonnes rouges de 27 mètres de haut, d'un bas-relief en pierre figurant un dragon et d'un toit chinois en bronze, le *Chinese Theatre* – ouvert à Hollywood en 1927 sous le nom de son créateur, Sid Grauman – est une construction impressionnante. Nombre de premières de films ont été organisées entre les murs de ce cinéma mythique, et d'innombrables touristes viennent y voir les traces de mains et de pieds laissées dans le ciment de la cour par de grands noms du septième art. Mary Pickford et Douglas Fairbanks furent les premiers à se prêter au rituel lors de l'inauguration du lieu, et l'on compte aujourd'hui quelques deux cents empreintes. Celles laissées par Charlie Chaplin, en 1928, ont depuis disparu de leur socle de béton d'une manière inexpliquée...

Met twee 27 meter hoge, koraalrode zuilen, een stenen draak en een gewelfd bronzen dak als entree is het Chinese Theater – gebouwd in Hollywood in 1927 en vernoemd naar haar bouwer, Sid Grauman – best wel een indrukwekkend gebouw. De meeste bezoekers zijn echter vooral geïnteresseerd in de hand- en voetafdrukken van filmsterren in het gecementeerde voorplein, een aandenken aan de vele belangrijke filmpremières. Mary Pickford en Douglas Fairbanks waren in 1927 de eersten die er hun afdrukken achterlieten, gevolgd door nog 200 anderen. De afdrukken die toebehoorden aan Charlie Chaplin verdwenen in 1928 onder mysterieuze omstandigheden.

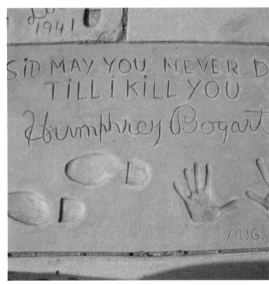

MEDIA | MEDIA | MEDIA

MEDIA | MEDIA | MEDIA

Born to be Wild! Following the trail of film idols Peter Fonda and Dennis Hopper, many Harley riders cruise to Taos, New Mexico, where most of the scenes from the 1969 cult classic "Easy Rider" were filmed. This road movie holds up a mirror to American society, while portraying the desire for freedom and the individualism emblematic of the hippie era, as well as the lost dreams, violence, and drug abuse. The town of Taos is the oldest continuously inhabited settlement in America, where Native Americans still lead traditional lives in the pueblos.

De nombreux motards en Harley – exhibant fièrement l'inscription "*Born to be Wild*" sur leur blouson en guise de devise – convergent vers Taos sur les traces de Peter Fonda et de Dennis Hopper. C'est en effet dans ce minuscule village du Nouveau-Mexique qu'ont été tournées la plupart des scènes d'*Easy Rider*, le film culte sorti en 1969. Ce road movie dresse un portrait sans concession de la société américaine de l'époque, de l'amour de la liberté au règne de la violence, de l'anticonformisme des hippies aux espoirs déçus et aux dégâts causés par la drogue. La commune est le plus ancien village du continent américain habité sans interruption depuis sa fondation. Aujourd'hui, des Indiens Pueblos y vivent encore de manière traditionnelle, relayant dans le présent la quête désespérée d'indépendance de la génération des années 1970.

Born to be Wild! In het spoor van filmidolen Peter Fonda en Dennis Hopper cruisen veel Harley-rijders richting Taos in New Mexico, waar de meeste scènes uit de cultklassieker "Easy Rider" in 1969 werden gefilmd. Deze roadmovie houdt de Amerikaanse samenleving een spiegel voor en portretteert het verlangen naar vrijheid en individuele expressie van het hippietijdperk, maar ook de teloorgegane dromen, het geweld en het drugsmisbruik van die tijd. Het stadje Taos is de oudste permanent bewoonde nederzetting in Amerika, waar inheemse Amerikanen in hun pueblos nog steeds een traditioneel bestaan leiden.

Need a new T-shirt? You can start collecting them, just like many other fans of the Hard Rock Cafes! Today, there are 143 official cafes in 49 countries—and just as many T-shirts. But T-shirts aren't the only attraction. Eric Clapton was a regular at the first Hard Rock Café, established in London in 1971, and donated his guitar to "pay" for his standing reservation. Pete Townshend of The Who soon followed suit, adding his guitar to what has become the world's largest collection of music memorabilia, including over 70,000 instruments. If it's not hanging on a Cafe wall, it can be seen in the Hard Rock Museum, known as "The Vault," in Orlando, Florida.

Besoin d'un nouveau tee-shirt ? Faites-vous en donc une collection grâce au *Hard Rock Cafe*, qui en propose autant de versions différentes qu'il ne compte d'enseignes, soit cent quarante-trois réparties dans quarante-neuf pays ! Parmi les habitués du premier né de ces établissements, ouvert à Londres en 1971, figure Eric Clapton — qui payait alors ses consommations en jouant de la guitare —, imité bientôt par Pete Townshend, le guitariste des *Who*. Depuis sa création, la chaîne a rassemblé la plus considérable collection d'instruments de musique au monde, dénombrant plus de soixante-dix mille pièces. Le Hard Rock Museum d'Orlando (Floride), plus connu sous le nom de "*The Vault*", permet au public de découvrir l'ensemble des instruments qui n'ont pas trouvé place sur l'un des murs de la célèbre enseigne.

Een nieuw T-shirt nodig? Je kan misschien een verzameling beginnen, net zoals vele andere fans van de Hard Rock Cafés! Vandaag zijn er 143 officiële cafés in 49 landen – en evenveel T-shirts. Maar deze T-shirts zijn niet de enige attractie. Eric Clapton was een stamgast in het eerste Hard Rock Café, dat in 1971 in Londen zijn deuren opende, en schonk er zijn gitaar om te "betalen" voor zijn gereserveerde staanplaats. Pete Townshend van The Who volgde al snel zijn voorbeeld en stond zijn gitaar af aan wat al snel uitgroeide tot 's werelds grootste verzameling van muziekmemorabilia. De meer dan 70.000 instrumenten hangen niet aan een wand van een of ander café, maar zijn te bezichtigen in het Hard Rock Museum, gekend als "The Vault", in Orlando, Florida.

"Welcome to London Notting Hill! You've heard the hype, seen the movie… now visit the area!" That's how a tour operator advertises his tours of this exclusive London neighborhood near Hyde Park. Roger Michell's 1999 romantic comedy "Notting Hill" immortalized the locations where shy bookshop owner William Thacker (Hugh Grant) and Hollywood star Anna Scott (Julia Roberts) met and fell in love—to live happily ever after!

"Bienvenue à *Notting Hill* ! Vous connaissez la pub, vous avez vu le film… Venez découvrir les lieux !" C'est ainsi qu'un tour-opérateur promeut les visites qu'il propose dans ce quartier huppé de Londres situé aux abords de Hyde Park. Le film éponyme de Roger Michell, réalisé en 1999, a immortalisé ce lieu, devenu depuis le must du romantisme. Réunissant à l'écran Hugh Grant et Julia Roberts, l'histoire raconte comment William Thacker, timide libraire du quartier, tombe éperdument amoureux d'Anna Scott, la plus grande star hollywoodienne du moment. Une histoire d'amour impossible, avec – bien sûr – une "*Happy End*" à la clef…

"Welkom in het Londense Notting Hill! U kent de hype, u hebt de film gezien … tijd voor een bezoek!" Met die woorden maakt een touroperator reclame voor zijn rondleidingen in deze exclusieve Londense wijk dichtbij Hyde Park. Roger Michells romantische komedie "Notting Hill" verleende in 1999 onsterfelijkheid aan de locaties waar de verlegen boekenzaak-eigenaar William Thacker (Hugh Grant) en Hollywoodvedette Anna Scott (Julia Roberts) elkaar ontmoetten en verliefd werden – om vervolgens lang en gelukkig te leven.

Millennia-old pyramids, skyscrapers hundreds of feet high, extreme bridge constructions, giant, incredibly magnificent cathedrals, palaces and temples—it is the extraordinary innovative powers, engineering and art talents of their architects, master builders, artists and engineers throughout the decades and millennia in all corners of the world to which we owe all these marvels of architecture. These remain humbling witnesses to the history of mankind. They take on many forms, from the largest amphitheater of the Antique, the Coliseum in Rome, to the infamous and purportedly safest prison in the world, Alcatraz, also known as "The Rock" for its location on a rocky island in the middle of San Francisco Bay in California. But let's not forget the magnificent beauty of some of the others, such as Neuschwanstein Castle, the "fantasy castle" of Germany, or Versailles, the embodiment of baroque castle architecture in Paris, France. Whether famous or notorious, there's one thing all the architectural monuments presented here have in common. It's their history of unrivaled achievement in engineering, logistics and art which never ceases to amaze and captivate us to this day.

Pyramides millénaires, églises monumentales, palais et temples majestueux, gratte-ciel hauts de plusieurs centaines de mètres, ponts qui défient les lois de l'équilibre : le génie des architectes, des artistes et des ingénieurs a créé, partout dans le monde et à toutes les époques, des bâtiments merveilleux qui témoignent de manière remarquable de l'évolution des civilisations. Qu'il s'agisse du Colisée de Rome (le plus grand amphithéâtre de l'Antiquité), de la prison d'Alcatraz (construite sur un îlot rocheux et considérée de ce fait comme la plus sûre au monde), du château de Neuschwanstein (édifice qui mérite bien son surnom de "château de conte de fées") ou encore de Versailles (le modèle absolu en matière d'architecture classique), tous ces édifices ont en commun d'être des chefs-d'œuvre d'architecture qui fascinent pour les prouesses artistiques ou techniques qui les caractérisent.

Eeuwenoude piramides, duizelingwekkend hoge wolkenkrabbers, uitzonderlijke bruggen, reusachtige kathedralen, imponerende paleizen en tempels – al deze prachtige staaltjes van vooruitstrevende architectuur uit de voorbije decennia en millennia, in alle uithoeken van de wereld, hebben we te danken aan de innovatieve geesten en de technische en artistieke talenten van hun architecten, meester-bouwers, kunstenaars en ingenieurs. Ze zijn stille getuigen van de geschiedenis van de mens en nemen daarbij vele vormen aan: van het grootste amfitheater uit de Oudheid, het Colosseum in Rome, tot de beruchte en naar verluidt veiligste gevangenis ter wereld, Alcatraz, ook gekend als "The Rock" omwille van haar ligging op een rotseiland temidden San Francisco Bay in California. Maar laten we bij dit alles ook niet de overweldigende schoonheid vergeten van een aantal van deze locaties, zoals het Duitse "droomkasteel" van Neuschwanstein of Versailles, de belichaming van barokke kasteelarchitectuur in Frankrijk. Berucht of beroemd, één ding hebben alle hierin opgenomen architecturale monumenten gemeen: het zijn unieke realisaties op het vlak van techniek, logistiek en kunst die ons altijd weer met verstomming slaat en ons tot op de dag van vandaag blijft boeien.

ARCHITECTURE | ARCHITECTURE | ARCHITECTUUR

Red Square, in the heart of Moscow, is the city's most famous space. Its current name is a twentieth-century invention. Beginning in the seventeenth century "Beautiful Square," as it was then known, was a collection of trade rows, and later a bazaar. It's still surrounded by important structures, including the eastern Kremlin Wall, the Lenin Mausoleum, St. Basil's Cathedral, and the GUM department store. Red Square was always a political place as well, where the tsar's edicts were read, enemies of the state were executed, and troops of workers and soldiers were assembled. Today, many major events are held there, including fashion shows, rock concerts, and classical music performances.

La *Place Rouge*, dans le centre historique de Moscou, est l'espace le plus célèbre de la ville. Son nom actuel, datant du XXᵉ siècle, a remplacé celui de "Belle Place", qui lui avait été attribué au XVIIᵉ siècle. À cette époque, celle-ci était encore remplie d'échoppes, puis elle s'est transformée en un immense marché. Aujourd'hui, la *Place Rouge* a conservé un rôle politique important dans la vie du pays ; elle est entourée de bâtiments célèbres, dont le Kremlin, le mausolée de Lénine, l'église Basile le Bienheureux et le grand magasin "Goum". On se souvient de la proclamation des édits du tsar, de l'exécution des ennemis de l'État, des nombreux cortèges de travailleurs et défilés militaires qui s'y déroulèrent. Toujours active, la célèbre agora accueille désormais des manifestations plus populaires, comme des défilés de mode et des concerts.

Het Rode Plein is wellicht de beroemdste plaats van Moskou. De huidige naam is een uitvinding van de twintigste eeuw. In het begin van de zeventiende eeuw bestond het "Mooie Plein", zoals het toen gekend was, uit een aantal handelshuizenrijen en, later, een bazaar. Het plein wordt nog altijd omgeven door belangrijke bouwwerken, waaronder de oostelijke muur van het Kremlin, het mausoleum van Lenin, de St. Basil Kathedraal en het GUM-warenhuis. Het Rode Plein was ook altijd al een politiek plein, waar de edicten van de tsaar voorgelezen, vijanden van de staat geëxecuteerd en troepen arbeiders en soldaten verzameld werden. Vandaag worden er talrijke grote evenementen georganiseerd, inclusief modeshows, rockconcerten en klassieke muziekopvoeringen.

View of the May Day Parade on the Red Square in 1928. | Vue du Défilé du Premier Mai sur la Place Rouge en 1928. | Beeld van de 1-meiparade op het Rode Plein uit 1928.

ARCHITECTURE | ARCHITECTURE | ARCHITECTUUR

ARCHITECTURE | ARCHITECTURE | ARCHITECTUUR

The Empire State Building in New York is the epitome of skyscraper architecture. Rising almost 450 meters, it was the tallest building in the world when it was completed in 1931 and for the next four decades. It was also the first building with over one hundred stories, as well as the setting for countless films. As early as 1933, a black and white "King Kong" toppled to his death from its spire, and in 2005, did a repeat performance in color. In 1993, Tom Hanks and Meg Ryan had their romantic encounter on its observation deck—probably the most famous deck in the world—in "Sleepless in Seattle." It's the rare visitor to New York who fails to take in this fantastic panoramic view.

Situé au cœur de New York, ce building d'une hauteur de 450 mètres est considéré comme l'expression la plus spectaculaire dans l'histoire de l'architecture des gratte-ciel. Inauguré en 1931, l'*Empire State Building* fut le premier bâtiment de plus de cent étages et resta pendant quarante ans le plus élevé du monde, ce qui lui valut de servir de décor à de nombreux films. Parmi eux, citons le célèbre *King Kong* de 1933, où l'on voit le grand primate blessé s'accrocher au sommet avant de basculer dans le vide, ou encore *Nuits blanches à Seattle*, en 1993, dans lequel la scène finale réunit Tom Hanks et Meg Ryan sur la plate-forme panoramique la plus célèbre du monde. Cette terrasse exerce aujourd'hui encore son inégalable pouvoir d'attraction sur tous les touristes visitant New York.

De New Yorkse Empire State Building is het toppunt van wolkenkrabberarchitectuur. Bijna 450 meter hoog de lucht in rijzend, was dit het hoogste gebouw ter wereld bij de voltooiing in 1931 én gedurende de volgende vier decennia. Het was ook het eerste gebouw van meer dan 100 verdiepingen en het decor voor talloze films. Al in 1933 tuimelde "King Kong" in zwart-wit vanaf de torenspits zijn dood tegemoet en in 2005 werd dit nog eens mooi overgedaan in kleur. In 1993 hadden Tom Hanks en Meg Ryan in "Sleepless in Seattle" hun romantische ontmoeting op het uitkijkplatform – meer dan waarschijnlijk het beroemdste observatieplatform ter wereld. Er zijn maar weinig bezoekers in New York die dit fantastisch panoramisch uitzicht aan zich voorbij laten gaan.

Prince Philip, Duke of Edinburgh, places the ring on the finger of his bride, Princess Elizabeth, during the wedding ceremony at Westminster Abbey, November 20, 1947. |
Le Prince Philip, Duc d'Édimbourg, enfile l'anneau sur le doigt de la mariée, la Princesse Elizabeth, pendant la cérémonie de mariage à l'Abbaye de Westminster, le 20 Novembre 1947. |
Prins Philip, Hertog van Edinburgh, schuift de ring aan de vinger van zijn bruid, Prinses Elizabeth, tijdens de huwelijksceremonie in Westminster Abbey, op 20 november 1947.

The Collegiate Church of St. Peter at Westminster, which is the real name of Westminster Abbey, is one of the most beautiful Gothic churches in England. The earlier structure from the eleventh century was replaced in 1245 by the present-day church. According to tradition, almost every British monarch has been crowned and buried here since 1066. It's also the location of King Edward's Chair, the throne on which sovereigns have been seated for coronation since 1308. The side chapels are adorned with the monuments of important historical figures, including statesmen, writers, and scholars. Today they number over 600, making this the largest collection of monumental sculptures in the country.

L'*Abbaye de Westminster*, officiellement appelée "Collégiale Saint-Pierre de Westminster", est le plus remarquable des édifices gothiques anglais. Une première structure datant du XIe siècle fut remplacée en 1245 par le bâtiment actuel. Lieu des couronnements des souverains britanniques, c'est aussi là que reposent leurs dépouilles depuis 1066. L'Abbaye abrite encore le trône du roi Édouard datant de 1308, sur lequel tous les souverains après lui se sont assis également. Ses chapelles latérales réunissent aujourd'hui six cents sculptures à l'effigie d'éminents personnages du royaume – savants, poètes et hommes d'État. Ces œuvres, dont la plus ancienne date de la fin du XVIe siècle, constituent la plus grande collection d'art tumulaire d'Angleterre.

"The Collegiate Church of St. Peter at Westminster", zoals Westminster Abbey eigenlijk heet, is een van de mooiste gotische kerken van Engeland. De vroegere structuur van de elfde eeuw werd in 1245 vervangen door de huidige kerk. Volgens de traditie is vanaf 1066 bijna elke Britse monarch hier gekroond en begraven. Hier bevindt zich ook de troon van Koning Edward, waarop de vorsten al sinds 1308 tijdens de kroningsplechtigheid plaatsnemen. De zijkapellen zijn versierd met monumenten van belangrijke historische figuren, waaronder staatslui, schrijvers en geleerden. Vandaag zijn dit er meer dan 600, meteen de grootste verzameling monumentale beeldhouwwerken van het land.

Before the Panama Canal was opened in 1914, the fastest route between the American west and east coasts was about 30,000 kilometers around the hazardous Cape Horn. Today, it takes only about twelve hours to traverse the 81.6-kilometer-long Panama Canal through Central America, between the Atlantic and Pacific oceans. Obviously, its construction was extremely important for commercial traffic. Pilots, tugboats, and tows ensure that vessels are guided through the narrow locks with centimeter-perfect precision.

Avant l'ouverture du *Canal de Panama* en 1914, les navires voulant relier New York à San Francisco devaient parcourir près de trente mille kilomètres de distance, en affrontant le dangereux cap Horn situé à l'extrême sud du continent américain. Aujourd'hui, le passage de l'Atlantique au Pacifique se fait en à peine douze heures, via un canal long de 81,6 kilomètres qui traverse l'isthme de Panama en Amérique Centrale. Désormais, les navires passent d'une écluse à l'autre, conduits et hâlés au centimètre près par une équipe affûtée composée de pilotes, de remorqueurs et de locomotives. Le gain de temps lié à la construction de cet ouvrage d'art a généré d'importants avantages économiques, modifiant ainsi le trafic commercial à l'échelle mondiale.

Voor het Panamakanaal in 1914 werd geopend, was de snelste route tussen de Amerikaanse west- en oostkust ongeveer 30.000 kilometer rond het gevaarlijke Kaap Hoorn. Vandaag duurt het slechts een twaalftal uur om het 81,6 kilometer lange Panamakanaal doorheen Centraal Amerika, tussen de Atlantische en de Grote Oceaan, over te steken. Uiteraard was de bouw ervan van uitzonderlijk belang voor het handelsverkeer. Stuurmannen, sleepboten en slepers zorgen ervoor dat vaartuigen tot op de centimeter precies doorheen de smalle sluizen worden geleid.

Every day, dozens of super cargos carrying various goods are going through the locks of the Panama Canal. | Tous les jours, des dizaines de super cargos transportant différentes marchandises passent par les écluses du canal de Panama. | Elke dag varen er tientallen vrachtschepen met verschillende goederen doorheen de sluizen van het Panamakanaal.

ARCHITECTURE | ARCHITECTURE | ARCHITECTUUR

The "Iron Lady," as it is affectionately known to the French, is a Paris landmark and the symbol of France. Built for the 1889 World's Fair by Gustave Eiffel to commemorate the 100th anniversary of the French Revolution, the Eiffel Tower is constructed from prefabricated, wrought-iron skeletal sections and stands 320 meters high. When it was originally erected, the riveted tower was the tallest building in the world. Although initially there was little appreciation for its ingenious design and aesthetic beauty, it soon became an inspiration to generations of artists, and continues to play a solid role in many films today. It is now such an integral part of the city skyline, it's impossible to imagine Paris without it.

Affectueusement surnommée "la Dame de fer", la *Tour Eiffel* symbolise à la fois Paris et la France. Gustave Eiffel l'a dessinée en 1889 à l'occasion de l'Exposition universelle et du centenaire de la Révolution française, en utilisant des pièces métalliques préfabriquées rivetées entre elles. Haute de 320 mètres, elle fut longtemps l'édifice le plus haut du monde. Bien que boudée par le public dans les premiers temps, cette construction audacieuse et esthétique s'est rapidement imposée comme un sujet apprécié des artistes, et comme un personnage secondaire apparaissant dans de nombreux films. La fascination qu'elle suscite est telle que la silhouette de Paris est désormais impensable sans elle, et qu'elle est devenue au fil du XXᵉ siècle l'un des plus célèbres monuments français.

De "IJzeren Dame", zoals ze door de Fransen liefdevol genoemd wordt, is een toeristische trekpleister voor Parijs en hét symbool van Frankrijk. De 320 meter hoge Eiffeltoren werd naar aanleiding van de Wereldtentoonstelling van 1889 gebouwd door Gustave Eiffel als eerbetoon aan de 100ste verjaardag van de Franse revolutie en is samengesteld uit voorgefabriceerde skeletbouwsegmenten in smeedijzer. Toen de toren in zijn geheel werd opgericht, was hij het hoogste bouwwerk ter wereld. En hoewel het ingenieuze design en de vooruitstrevende esthetiek aanvankelijk maar weinig mensen konden bekoren, werd de Eiffeltoren al snel een inspiratie voor generaties kunstenaars en blijft hij tot op vandaag in talrijke films een stevige rol spelen. De toren maakt nu zo integraal deel uit van de stadsskyline dat men zich Parijs nog onmogelijk zonder kan inbeelden.

ARCHITECTUUR | ARCHITECTURE | ARCHITECTURE | ARCHITECTURE

Evolution of the Eiffel Tower's construction between 1887 and 1889, built by 300 workers who joined 18,038 pieces of iron with 2.5 million rivets. | Évolution de la construction de la Tour Eiffel entre 1887 et 1889, construite par 300 travailleurs qui ont assemblé 18 038 pièces avec 2,5 millions de clous. | Evolutie van de bouw van de Eiffeltoren tussen 1887 en 1889, gebouwd door 300 arbeiders die 18.038 stukken ijzer met 2,5 miljoen klinknagels samenvoegden.

This giant Belgian landmark is intended to represent the tiniest of particles. The Atomium in Brussels portrays the structure of an iron crystal magnified 165 billion times. It was first exhibited at the 1958 World's Fair—the first to be held after World War II—to symbolize the peaceful use of nuclear energy. The Atomium is 102 meters high and has nine spheres, each with a diameter of 18 meters. The spheres are connected by tubes and visitors can access them by elevator or escalator. Originally scheduled to be dismantled after the Fair, it was fortunately spared. With its new stainless steel exterior, the Atomium has been shining brighter than ever since 2006.

Non content d'être le plus imposant symbole de la Belgique, l'*Atomium* de Bruxelles tend paradoxalement à représenter l'infiniment petit. Cette construction atypique dessine en effet la structure moléculaire d'un cristal de fer, mais 165 milliards de fois plus grande que dans la réalité. Construit à l'occasion de l'Exposition universelle de 1958 – la première organisée après la Seconde Guerre mondiale –, ce monument symbolise l'utilisation pacifique de l'énergie nucléaire à compter de cette date. D'une hauteur de 102 mètres, il est constitué de neuf sphères ou "atomes" d'un diamètre de 18 mètres, reliés entre eux par des conduits cylindriques dans lesquels les spectateurs peuvent se déplacer grâce à l'aménagement d'ascenseurs et d'escaliers roulants. La structure, qui aurait dû être démontée après l'exposition, a finalement été adoptée par la population et les autorités. Des travaux de rénovation ont même été réalisés en 2006, offrant à l'*Atomium* une nouvelle jeunesse.

Dit reusachtige Belgische monument wil 's werelds kleinste partikels voorstellen. Het Atomium in Brussel schetst de structuur van een 165 miljard keer uitvergroot ijzerkristal. Het werd voor het eerst getoond tijdens de Wereldtentoonstelling van 1958 - de eerste die na Wereldoorlog II werd gehouden - om het vreedzame gebruik van nucleaire energie te symboliseren. Het Atomium is 102 meter hoog en heeft negen bollen, elk met een diameter van 18 meter. De bollen zijn onderling verbonden door buizen en bezoekers kunnen ze met de lift of roltrap bezoeken. Waar het aanvankelijk de bedoeling was om hem na de Expo te ontmantelen, bleef hij gelukkig gespaard. Sinds 2006 schittert het Atomium meer dan ooit met zijn nieuwe buitenmantel in roestvrij staal.

"Lady Liberty" has stood in New York harbor across from the Manhattan skyline for over 120 years as a symbol of hope and freedom for newcomers and returning Americans. The copper-clad statue, 93 meters tall with pedestal, was never intended to welcome immigrants. She was presented to the United States by the people of France as a symbol of friendship on the 100th anniversary of the signing of the Declaration of Independence. To this day, the symbolism-laden goddess of freedom continues to embody the American Dream.

Depuis plus de cent vingt ans, la *Statue de la Liberté* se dresse à l'entrée du port de New York avec pour fond de toile les gratte-ciel de Manhattan, incarnant les espoirs des nouveaux arrivants, aspirant à la citoyenneté américaine. Cependant, ce monument n'a jamais prétendu à une telle mission ; en cuivre, haut de 93 mètres, il fut offert par la France aux États-Unis en signe d'amitié à l'occasion du centenaire de la déclaration d'indépendance. Pourtant, cette allégorie de la Liberté éclairant le monde reste pour beaucoup, aujourd'hui encore, l'emblème de l' *"American Dream"*.

"Lady Liberty" luistert al meer dan 120 jaar de skyline van Manhattan op als symbool van hoop en vrijheid voor nieuwkomers en terugkerende Amerikanen. Het met koper beklede standbeeld, 93 meter hoog met sokkel, was nooit bedoeld ter verwelkoming van immigranten. Het was een geschenk van Frankrijk aan de Verenigde Staten ter gelegenheid van de 100ste verjaardag van de ondertekening van de Onafhankelijkheidsverklaring en stond symbool voor de onderlinge vriendschap. Tot op de dag van vandaag blijft deze symbolische godin van de vrijheid in de haven van New York de Amerikaanse Droom belichamen.

Known as "The Rock," Alcatraz is steeped in legend. From 1934 to 1963, its high-security prison housed the worst and most notorious criminals, including the gangster Al Capone. Located in the middle of the San Francisco Bay, the island was considered escape-proof and—officially, at least—no successful attempt was ever made. Today, Alcatraz is a favorite tourist destination that has attained mythic status through its portrayal in numerous films, including "Escape from Alcatraz," "The Enforcer," "The Rock," and "X-Men."

Plus communément appelé "Le Rocher", Alcatraz et les histoires qui s'y rattachent sont aujourd'hui légendaires. Al Capone a notamment été incarcéré dans cette prison de haute sécurité, active de 1934 à 1963. Construite sur un îlot rocheux de la baie de San Francisco, Alcatraz était considérée comme un centre de détention parfaitement sûr dont, officiellement, aucun prisonnier ne s'est jamais évadé. Désormais ouverte aux touristes, l'ancienne prison a servi de décor à de nombreux films à succès, dont *L'Évadé d'Alcatraz, Dirty Harry III, Rock* et *X-Men*.

Alcatraz, ook wel gekend als "The Rock", is als het ware doordrenkt met legendes. Van 1934 tot 1963 bood deze uiterst streng beveiligde gevangenis onderdak aan de zwaarste en meest beruchte misdadigers, waaronder gangster Al Capone. Gelegen in het midden van San Francisco Bay, werd het eiland beschouwd als ontsnappingsbestendig en - officieel althans - is er ook nooit een succesvolle ontsnappingspoging geweest. Vandaag is Alcatraz een populaire toeristische bestemming die een haast mythische status heeft verworven dankzij de vele films waarin ze de hoofdrol speelde, zoals "Escape from Alcatraz", "The Enforcer", "The Rock" en "X-Men."

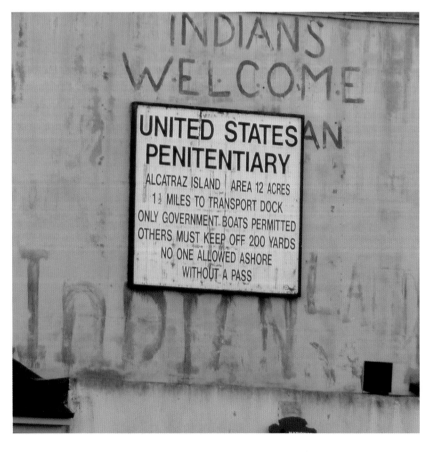

For over 800 years, the Kremlin in Moscow has been the center of Russian power. Once the residence of tsars, today it's the official residence of Russian presidents. This fortress has been repeatedly destroyed, and its present incarnation was mainly built in the nineteenth century. The walls are up to six meters thick, and twenty distinctive towers, most of whose spires date back to the seventeenth century, are up to 70 meters tall. At the center of the Kremlin is Cathedral Square, where all the tsars and rulers were crowned and enthroned. The presidents of present-day Russia are also inaugurated there.

Depuis plus de huit siècles, le *Kremlin de Moscou* constitue le centre de la puissance politique de Russie. Ancienne résidence des tsars, il abrite désormais les appartements officiels des présidents russes. La plupart des édifices de la citadelle – détruits à plusieurs reprises au cours de l'histoire – ont cependant été reconstruits et ne datent de fait que du XIXᵉ siècle. Le mur d'enceinte atteint sporadiquement 6 mètres d'épaisseur, et les vingt tours qui ponctuent l'édifice culminent à 70 mètres de hauteur, exhibant leurs toits aux formes caractéristiques du XVIIᵉ siècle. Au centre de la citadelle se trouve la "Place des Cathédrales" ; c'est là que tous les souverains russes furent successivement couronnés et sacrés, et que se déroule aujourd'hui encore la cérémonie d'investiture des présidents de la Fédération de Russie.

Al meer dan 800 jaar is het Kremlin in Moskou het officiële Russische machtscentrum: vroeger als residentie van de tsaren, vandaag als verblijfplaats van de Russische presidenten. De huidige incarnatie van deze burcht, die al herhaaldelijk vernietigd werd, dateert grotendeels uit de negentiende eeuw. De muren zijn tot zes meter dik en twintig opvallende torens, waarvan de torenspitsen meestal nog teruggaan tot de zeventiende eeuw, zijn tot 70 meter hoog. Het centrale punt van het Kremlin is het Kathedralenplein, waar alle tsaren en heersers gekroond en onttroond werden. Ook de presidenten van het huidige Rusland worden hier nog altijd geïnaugureerd.

Spanning New York's East River, the Brooklyn Bridge was once considered the eighth wonder of the world by the citizens of New York and Brooklyn, and was the world's longest suspension bridge when it was first opened. It was designed by the German-born architect John August Roebling after he became stranded on a ferry stuck in the ice during a particularly hard winter. His son Washington completed its construction, and on May 24, 1883, the bridge connecting Brooklyn and Manhattan was finally opened, making architectural history. Unfortunately, the project was also plagued by a series of tragic accidents in which many people lost their lives.

Surplombant la rivière à l'est de New York, le *Pont de Brooklyn* fut longtemps considéré par les habitants de la ville comme la huitième merveille du monde. Cette structure suspendue – la plus grande lors de son inauguration, le 24 mai 1883 – a été conçue par l'architecte John August Roebling, après que le bac qu'il utilisait pour traverser l'East River eut été pris dans les glaces au cours d'un hiver particulièrement rigoureux. C'est son fils, Washington Roebling, qui termina l'ouvrage en 1883, ouvrant ainsi une voie entre Brooklyn et Manhattan. Malheureusement, cette incroyable prouesse architecturale fut également marquée par une série d'accidents tragiques au cours desquels de nombreuses personnes trouvèrent la mort.

De Brooklyn Bridge over East River werd door de bewoners van New York en Brooklyn ooit beschouwd als het achtste wereldwonder en was bij de opening 's werelds langste hangbrug. Ze werd ontworpen door de als Duitser geboren architect John August Roebling nadat hij tijdens een extreem strenge winter met een ferry in het ijs strandde. Zijn zoon Washington voltooide zijn constructie en op 24 mei 1883 werd de brug die Brooklyn met Manhattan verbindt, eindelijk geopend en werd architectuurgeschiedenis geschreven. Helaas werd het project ook geteisterd door een reeks van tragische ongevallen waarbij heel wat mensen het leven lieten.

Romance is set in stone! Neuschwanstein is the embodiment of the ideal, and of the longings of King Ludwig II of Bavaria. This reclusive king wanted to retreat to a Wagner-inspired dream world from the Middle Ages and, forced into vassalage following the Austro-Prussian War of 1866, he hoped to remain here and reign as a true Christian king. However, he never saw the finished castle. Neuschwanstein was opened to the public just weeks after Ludwig's mysterious death in Lake Starnberg in 1886. Today, it's a top tourist destination.

Ce château taillé dans la pierre – joyau du romantisme – incarne l'idéal nostalgique du roi Ludwig II de Bavière. Ce personnage atypique, renfermé sur lui-même, souhaitait se retirer dans un monde rêvé, inspiré des opéras de Wagner et du Moyen Âge. Réduit au rang de vassal après la défaite de son pays face à la Prusse en 1866, il espérait demeurer en ces lieux magiques, et y régner tel un véritable roi chrétien. Malheureusement, Ludwig II se noya en 1886, avant la fin des travaux, et ne put jamais contempler son château achevé. Peu après la mystérieuse disparition du roi, Le *Château de Neuschwanstein* s'imposa néanmoins comme une attraction touristique de premier ordre.

Romantiek uitgevoerd in steen! Neuschwanstein is de belichaming van het ideaal en de verzuchtingen van Koning Lodewijk II van Beieren. Deze ietwat wereldvreemde koning wilde zich terugtrekken in een door Wagner geïnspireerde middeleeuwse droomwereld en na zijn gedwongen vazalschap volgend op de oorlog tussen Oostenrijk en Pruisen van 1866 hoopte hij hier te kunnen blijven en als een ware Christelijke koning te kunnen regeren. Hij zou het voltooide kasteel echter nooit zien. Neuschwanstein werd voor het publiek geopend nauwelijks enkele weken na Lodewijks mysterieuze overlijden in de Starnberger See in 1886. Vandaag is het een toeristische topattractie.

Located at 1600 Pennsylvania Avenue in Washington, D.C., the White House is America's first address, serving as the office and official residence of the President of the United States. The white mansion is at the center of a larger complex whose West Wing houses the famous Oval Office, where presidents confer with their cabinets and receive state visitors. Political decisions affecting the course of world history are often issued from the White House, the symbol of U.S. power.

"Washington, D.C., Pennsylvania Avenue 1600" : telle est l'adresse postale de la *Maison Blanche*, résidence officielle du président des États-Unis. C'est dans l'aile ouest de cette imposante bâtisse que se trouve le célèbre "Bureau Ovale", dans lequel le président concerte ses ministres et reçoit les invités officiels. En ce lieu, symbole de la puissance américaine s'il en est, ont été prises de nombreuses décisions qui ont affecté le cours de l'histoire.

Het Witte Huis, gelegen te 1600 Pennsylvania Avenue in Washington, D.C., is Amerika's adres nummer één, en doet tegelijkertijd dienst als kantoor en als officiële residentie van de President van de Verenigde Staten. Het witte herenhuis vormt het centrale punt van een groter complex, met in de westelijke vleugel het fameuze 'Oval Office', waar presidenten met hun kabinetsleden overleggen en bezoekende staatshoofden ontvangen. Politieke beslissingen die de loop van de wereldgeschiedenis bepalen, worden vaak genomen vanuit het Witte Huis, hét symbool van de macht van de Verenigde Staten van Amerika.

ARCHITECTUUR | ARCHITECTURE | ARCHITECTURE | ARCHITECTURE

In 1805, Napoleon commissioned the Arc de Triomphe to honor the imperial army after the Battle of Austerlitz, but was no longer alive when it was completed in 1836. Aside from the Eiffel Tower, it's the most famous landmark in Paris, and is located on the present-day Place Charles-de-Gaulle. The arch, with its important friezes, is still the center of solemn ceremonies and parades today—for example, every November 11th on the anniversary of the 1918 armistice between France and Germany. Twelve avenues branch out from the Arc de Triomphe in the shape of a star, including the magnificent Champs-Élysées. All who brave the 284 steps to the platform 50 meters above can enjoy a fantastic view of Paris.

En 1805, Napoléon a ordonné la construction de l'*Arc de triomphe* pour célébrer la gloire de la "Grande Armée" suite à sa victoire dans la campagne d'Austerlitz. La construction de cet édifice - achevée en 1836 - n'a pas permis à son initiateur de l'apprécier dans son intégralité avant sa mort. Dressé au centre de l'actuelle place Charles-de-Gaulle, l'*Arc de Triomphe* compte au nombre des principaux monuments de Paris, après la Tour Eiffel. Orné de magnifiques reliefs, il accueille diverses cérémonies, notamment celle commémorant l'Armistice du 11 novembre 1918. Douze avenues convergent vers le monument, formant ainsi une étoile – la plus prestigieuse d'entre elles étant sans conteste les Champs Élysées. Du haut de la plate-forme située au sommet de l'Arc, à 50 mètres de haut et accessible par deux cent quatre-vingt-quatre marches, on peut admirer Paris.

In 1805 gaf Napoleon de opdracht tot de bouw van de Arc de Triomphe als eerbetoon aan het Keizerlijke Franse leger na de Slag bij Austerlitz, maar hij was niet meer in leven toen de triomfboog in 1836 werd voltooid. De Eiffeltoren niet te na gesproken, is dit wellicht het beroemdste monument van Parijs, gelegen op het huidige Place Charles-de-Gaulle. De triomfboog, met zijn belangrijke friezen, vormt vandaag nog altijd het centrale punt voor plechtige ceremonies en parades, bijvoorbeeld elke 11de november naar aanleiding van de verjaardag van de wapenstilstand van 1918 tussen Frankrijk en Duitsland. Vanuit de Arc de Triomphe vertrekken twaalf boulevards in de vorm van een ster, waaronder de prachtige Champs-Élysées. Iedereen die de moed heeft om de 284 treden naar het uitkijkplatform op 50 meter hoogte te beklimmen, kan genieten van een fantastisch uitzicht over Parijs.

Aerial view of the Arc de Triomphe on VE Day, May 7, 1945, showing thousands of French people celebrating the announcement of Germany's unconditional surrender to the Allies. |
Vue aérienne de l'Arc de Triomphe le jour de la victoire en Europe le 7 mai 1945, montrant des milliers de Français célébrant l'annonce de la capitulation sans conditions de l'Allemagne aux forces alliées. | Luchtfoto van de Arc de Triomphe op Bevrijdingsdag op 7 mei 1945: duizenden Fransen vieren de aankondiging van de onvoorwaardelijke overgave van Duitsland aan de geallieerden.

Ever since Queen Victoria moved in on July 13, 1837, Buckingham Palace has been the official London residence of the British Monarchy. With its 775 rooms, it's more than just a home for the Royal Family. Many official events, including the famous knighthood ceremony and state receptions, are held in its State Rooms, which are lavishly furnished with priceless works of art. One special attraction is the Changing of the Guard in the palace forecourt. Visitors may enter the Palace in August and September, when the Royal Family is residing in Scotland.

Situé au cœur de Londres, le *Palais de Buckingham* est la résidence officielle des souverains britanniques depuis que la reine Victoria s'y est installée le 13 juillet 1837. Équipé de 775 pièces, ce palace occupé par la famille royale est bien plus qu'une résidence somptueuse. De nombreuses réceptions officielles, notamment les cérémonies d'investiture des chevaliers de l'Empire Britannique, sont organisées dans ses pièces magnifiquement décorées. Les touristes curieux peuvent également, en août et en septembre, profiter du séjour en Écosse de la famille royale pour visiter certains appartements. Mais l'attraction la plus appréciée du public reste incontestablement la relève de la garde, un événement haut en couleur qui se répète quotidiennement devant les grilles du palais.

Al van toen Koningin Victoria er op 13 juli 1837 introk, is "Buckingham Palace" de officiële Londense residentie van de Britse monarchie. Met zijn 775 kamers is het meer dan een woonst voor de Koninklijke Familie. Talrijke officiële evenementen, waaronder de fameuze ridderingsceremonies en staatsrecepties, worden gehouden in de Staatsiezalen, rijkelijk gedecoreerd met kunstwerken van onschatbare waarde. Een bijzondere attractie is de wisseling van de wacht op het voorplein van het paleis. Bezoekers hebben toegang tot het paleis in augustus en september, wanneer de Koninklijke Familie in Schotland verblijft.

Britain's Queen Elizabeth II and Prince Philip, Duke of Edinburgh from the balcony at Buckingham Palace following her coronation, June 2, 1953. | La Reine d'Angleterre Elizabeth II et le Prince Philip, Duc d'Édimbourg depuis le balcon de Buckhingham Palace suite au couronnement de la Reine le 2 juin 1953. | De Britse Koningin Elizabeth II en Prins Philip, Hertog van Edinburgh, op het balkon van Buckingham Palace na haar kroning op 2 juni 1953.

Inconsolable after the death of this favorite wife, Mumtaz Mahal, the Mughal Emperor Shah Jahan began construction on this mausoleum near Agra in India in 1631. With its 22 domes, four minarets, and perfect proportional harmony, the Taj Mahal is considered a masterpiece of the Mughal style in Islamic art. Construction materials from throughout Asia were transported on over 1,000 elephants. Marble, sandstone, and countless varieties of precious and semi-precious stones were used, and a garden of roughly 18 hectares was created. The central building, which is the final resting place of Mumtaz Mahal, later became the tomb of her husband as well.

Inconsolable après la mort de son épouse Mumtaz Mahal, le Grand Moghol Shâh Jahân ordonna en 1631 la construction d'une somptueuse mosquée dédiée à la mémoire de son aimée. Situé près d'Agra, en Inde, le Taj Mahal se compose de quatre minarets et de vingt-deux coupoles. De ses proportions idéales émane un sentiment de parfaite harmonie, qui en fait l'une des plus belles réussites de l'architecture moghole et de l'art islamique en général. Plus de mille éléphants furent mobilisés pour transporter à travers l'Asie les matériaux nécessaires à son érection, et c'est ainsi qu'une grande quantité de marbre, de grès, ainsi que d'innombrables pierres précieuses et semi-précieuses, purent être assemblées pour réaliser cet ensemble architectural d'une rare beauté, entouré de dix-huit hectares de jardins. En son cœur reposent désormais les dépouilles des deux époux, réunis par la mort dans l'un des plus beaux sanctuaires qui soient au monde.

Ontroostbaar na de dood van zijn favoriete echtgenote, Mumtaz Mahal, startte Grootmogol Sjah Djahaan in 1631 met de bouw van dit mausoleum nabij Agra in India. Met zijn tweeëntwintig koepels en de perfecte proportionele harmonie wordt de Taj Mahal beschouwd als een meesterwerk van islamitische kunst in Mogoelstijl. De vanuit heel Azië aangevoerde bouwmaterialen werden getransporteerd op meer dan 1.000 olifanten. Marmer, zandsteen en talloze soorten edel- en halfedelstenen werden voor de bouw gebruikt en daarnaast werd er een tuin gecreëerd van ruwweg 18 hectaren. Het centrale gebouw, de laatste rustplaats van Mumtaz Mahal, werd later ook het grafmonument van haar echtgenoot.

With a length of 2,737 meters, the Golden Gate Bridge was the world's longest suspension bridge for 27 years. Spanning San Francisco Bay, it has been a San Francisco landmark and a symbol of America since 1937. Chief Engineer Joseph B. Strauss and local inhabitants were so enamored of its orange rust-proof undercoat that the vibrant color was retained. The Golden Gate Bridge is now considered the most beautiful and most photographable bridge in the world. Its pylons are especially striking at sunset and in the fog.

Le *Golden Gate Bridge*, ouvrage d'art emblématique de la ville de San Francisco, est resté durant vingt-sept ans le pont suspendu le plus long au monde. Construit en 1937 au dessus de la baie de San Francisco, il s'est imposé depuis comme l'un des plus éminents symboles de l'Amérique. Sa couleur atypique, d'un orange très intense, est due à la substance antirouille utilisée pour sa préservation ; celle-ci, vouée initiale-ment à être recouverte, a finalement été conservée, l'ingénieur en chef Joseph B. Strauss et la popula-tion de la ville s'étant particulièrement attachés à sa teinte flamboyante. Aujourd'hui, le *Golden Gate Bridge* est une structure architecturale dont la splendeur est unanimement saluée. Il est sans doute le pont le plus photographié, en particulier au soleil couchant ou lors-que ses pylônes apparaissent à travers le brouillard.

Met haar 2.737 meter was de Golden Gate Bridge 27 jaar lang 's werelds langste hangbrug. Deze over-spanning van de baai van San Francisco is al sinds 1937 een toeristische troef en een symbool voor heel Amerika. Hoofdingenieur Joseph B. Strauss en lokale bewoners waren zo gecharmeerd door de oranje, roestbestendige grondlaag dat deze levendige kleur behouden werd. De Golden Gate Bridge wordt nu beschouwd als de mooiste en meest gefotografeerde brug ter wereld. De pylonen zijn vooral bij zonsonder-gang en bij nevel bijzonder opvallend.

In 1962, Londoners rang in the New Year ten minutes behind schedule when icy temperatures blocked
the mechanism of the clock of Big Ben. Big Ben—at
13.5 tons the largest of the five bells in the 100-me-
ter clock tower at the Palace of Westminster—first
chimed in July 1859, and has come to represent the
tower as a whole. It's controlled by the largest clock
in Great Britain, whose faces are each seven meters
in diameter. Four mechanics are employed "around
the clock" to ensure that the clock and bell continue
to function properly.

L'hiver glacial de 1962 gela le mécanisme de la célèbre *Big Ben*, de sorte que le carillon sonna le Nouvel
An avec dix minutes de retard ! Dominant le palais
de Westminster, cette tour d'environ 100 mètres de
haut comporte en réalité cinq cloches, et l'appellation
Big Ben ne désigne en fait que la plus grande et lourde
d'entre elles (13,5 tonnes). Construit en juillet 1859,
l'édifice est relié à la plus grande horloge d'Angleterre,
pourvue de cadrans de 7 mètres de diamètre. Pour
assurer la permanence du fonctionnement de l'horloge et du carillon, et éviter l'écueil de 1962, une équipe
formée de quatre horlogers mécaniciens s'active en
continu entre les murs de l'imposante structure.

In 1962 luidden de Londenaars Nieuwjaar tien minuten te laat in omdat de vriestemperaturen het mecha-
nisme van de klok van Big Ben hadden geblokkeerd.
Big Ben, met zijn 13,5 ton de grootste van de vijf klok-
ken in de 100 meter hoge klokkentoren aan het Paleis
van Westminster, luidde een eerste keer in 1859 en
is langzaamaan voor de toren als geheel komen te
staan. Hij wordt aangestuurd door het grootste uurwerk van Groot Brittannië, met wijzerplaten die elk
een diameter hebben van zeven meter. Vier mecha-
nismen zijn 24 uur op 24 actief om te verzekeren dat
uurwerk en klok correct blijven functioneren.

If it weren't for Victor Hugo's famous protagonist Quasimodo, the Hunchback of Notre Dame, the cathedral probably wouldn't be as famous as it is today. Nor would it be as well maintained, because its restoration by Eugène Viollet-le-Duc in the nineteenth century came as a direct result of the novel's success. France's checkered history has often been played out in Notre Dame. It was the scene of the wedding between the future King Francis II and Mary Stuart in 1558, as well as that of Henry of Navarre and Marguerite of Valois in 1572, which was also the occasion of the bloody St. Bartholomew's Day Massacre. The church was plundered during the French Revolution and, in 1804, was the place where Napoleon crowned himself Emperor.

Si Quasimodo n'avait pas suscité auprès des lecteurs de Victor Hugo une telle sympathie, sans doute *Notre-Dame de Paris* ne bénéficierait pas aujourd'hui d'une telle renommée. La cathédrale, de la même façon, n'aurait certainement pas bénéficié d'un tel entretien ; sa restauration par Eugène Viollet-le-Duc au XIXᵉ siècle ayant avant tout été motivée par l'immense succès du livre. Mais *Notre-Dame*, haut lieu de la vie publique au fil des siècles, fut également le théâtre de nombreux événements historiques. C'est ici notamment qu'on célébra en 1558 les noces du dauphin (le futur François II) et de Marie Stuart, reine d'Écosse ; ici encore qu'Henri de Navarre épousa en 1578 Marguerite de Valois, peu de temps avant le massacre de la Saint-Barthélemy. Pillée durant la Révolution, la Cathédrale de Paris retrouva son prestige lorsque Napoléon choisit, en 1804, de la prendre pour théâtre de son auto couronnement au titre d'Empereur des Français.

Zonder Victor Hugo's beroemde protagonist Quasimodo, de Bultenaar van de Notre Dame, zou de kathedraal wellicht nooit zo beroemd geweest zijn als vandaag. En waarschijnlijk ook niet in even goede staat, want de restauratie door Eugène Viollet-le-Duc in de negentiende eeuw was een direct resultaat van het succes van de roman. Heel wat gebeurtenissen uit de veelbewogen Franse geschiedenis speelden zich af in deze Notre Dame. Hier huwden de toekomstige Koning Frans II en Mary Stuart in 1558, hier voltrok zich ook de huwelijksplechtigheid tussen Hendrik van Bourbon en Marguerite van Valois in 1572, die meteen aanleiding gaf tot de bloedige slachtpartij tijdens de Bartholomeüsnacht. De kerk werd geplunderd tijdens de Franse Revolutie en in 1804 vormde ze het decor voor de kroning van Napoleon tot Keizer.

White smoke rising from the Sistine Chapel in the Palace of the Vatican indicates the successful election of a pope by the conclave assembled there. The chapel, erected under Pope Sixtus IV from 1473 to 1484, has earned most of its fame from the paintings of Michelangelo. His frescoes portraying the creation of the world and the Final Judgment were his grandest and most powerful works. The brightness of the colors applied by the brilliant painter was never realized until they were uncovered by a costly restoration from 1980 to 1994.

De la fumée blanche s'échappe traditionnellement de la cheminée de la *Chapelle Sixtine* lorsque les cardinaux rassemblés en conclave ont élu un nouveau pape. Oratoire privé du souverain pontife construit entre 1473 et 1484 sur ordre du pape Sixte IV, la Chapelle Sixtine est devenue célèbre dans le monde entier grâce aux incroyables fresques qui l'ornent. Ces peintures, chefs-d'œuvre de Michel-Ange, représentent la création du monde et le jugement dernier. Les importants travaux de restauration réalisés entre 1980 et 1994 ont permis de révéler toute la vivacité des couleurs utilisées à l'origine, confirmant l'audace et l'excellence du peintre de génie.

Wanneer er witte rook komt uit de Sixtijnse Kapel van het Vaticaans Paleis, is er door het daar gehouden conclaaf met succes een nieuwe paus gekozen. De kapel, gebouwd onder Paus Sixtus IV van 1473 tot 1484, heeft haar faam voor een groot stuk te danken aan de werken van Michelangelo. Zijn fresco's, die de schepping van de wereld en het Laatste Oordeel voorstellen, behoren tot zijn grootste en meest expressieve werken. De felheid van de kleuren die door de briljante schilder gebruikt werden, bleef lang onopgemerkt tot ze tijdens dure restauratiewerken van 1980 tot 1994 helemaal werden blootgelegd.

ARCHITECTURE | ARCHITECTURE | ARCHITECTUUR

One of Europe's largest and most luxurious palaces began as a hunting lodge at Versailles. Louis XIV, the Sun King, undertook its expansion in 1662, making it the residence of French kings and a symbol of his power. Generations of European rulers followed suit. Later on, the splendid baroque palace with its magnificently appointed rooms also became the stage for history-altering events. In the famous Hall of Mirrors, William the First was declared German emperor in 1871. After World War I, the peace talks were held at the palace and sealed with the signing of the Treaty of Versailles.

Le *Château de Versailles* compte parmi les plus grands et somptueux palaces d'Europe. À l'origine simple pavillon de chasse, Louis XIV, le "Roi Soleil", le transforma progressivement à partir de 1662 pour en faire la résidence des rois de France et un symbole à la hauteur de son pouvoir. Plusieurs générations de souverains européens se sont inspirées de sa splendeur pour façonner leur propre résidence. Édifice baroque à la décoration intérieure particulièrement luxueuse, Versailles prolongea son histoire bien après la chute de la monarchie. C'est ici notamment, dans la célèbre "Galerie des Glaces", que le roi de Prusse Guillaume Ier fut proclamé empereur allemand en 1871 ; ici encore que fut signé, à l'issue de la Première Guerre mondiale, le Traité de Versailles.

Wat nu een van Europa's grootste en meest luxueuze paleizen is, startte ooit als een jachthuis in Versailles. Lodewijk XIV, de Zonnekoning, gaf opdracht tot een uitbreiding in 1662 en maakte er zo de residentie van de Franse koningen en een symbool van macht van. Generaties Europese heersers volgden in zijn spoor. Later werd het prachtige barokke paleis met zijn schitterend ingerichte kamers ook het toneel voor een aantal historische gebeurtenissen. In de beroemde Spiegelzaal werd Willem de Eerste in 1871 tot Duits keizer uitgeroepen. Na Wereldoorlog I werden in dit paleis vredesgesprekken gevoerd én bezegeld met de ondertekening van het Verdrag van Versailles.

The Pentagon in Arlington, Virginia, is both the head-quarters and the symbol of the United States Depart-ment of Defense. With its five sides, five corners, five ring corridors, and five above-ground floors, it's one of the largest and most striking office buildings on earth. One of its underground bunkers houses the Situation Room, which is the control center of the U.S. mili-tary. On September 11, 2001, terrorists crashed a hi-jacked plane into the Pentagon, and 189 people lost their lives in the attack.

Complexe architectural situé à Arlington en Virginie, le *Pentagone* abrite le secrétariat à la Défense des États-Unis. Formé de cinq côtés, de cinq étages et de cinq couloirs concentriques, il est l'un des plus grands et des plus remarquables ensembles de bureaux pro-fessionnels au monde. L'un de ses nombreux bunkers souterrains accueille la "*Situation Room*", véritable centre nerveux du système militaire américain. C'est pourquoi le site est une cible sensible en matière de lutte anti-terrorisme ; ainsi, le 11 septembre 2001, un avion détourné est venu s'écraser au cœur du bâtiment, faisant cent quatre-vingt-neuf victimes parmi le per-sonnel du *Pentagone*.

Het Pentagon in Arlington, Virginia, is zowel het hoofdkwartier als het symbool van het Amerikaanse Ministerie van Defensie. Met zijn vijf zijden, vijf hoe-ken, vijf ringvormige gangen en vijf bovengrondse verdiepingen is het een van de grootste en meest op-vallende kantoorgebouwen ter wereld. Een van zijn ondergrondse bunkers huisvest de 'Situation Room', het controlecentrum van het Amerikaanse leger. Op 11 september 2001 crashte een gekaapt vliegtuig in het Pentagon - een aanslag waarbij 189 mensen het leven verloren.

Rising 343 meters into the sky, the Millau Viaduct is taller than the Eiffel Tower and the tallest vehicular bridge in the world. It was designed by the great architect Sir Norman Foster to span the River Tarn near Millau, France. At its highest point, clearance above the River Tarn is 270 meters. Upon its completion in 2004, the "Viaduc de Millau" formed the last link in the North-South route between Paris and the Mediterranean Sea. And none too soon, since vacationers had previously been subjected to hours of delay and endless traffic jams at the bottleneck formed by the Tarn valley and the town of Millau—a nightmare for many drivers.

Dessiné par l'une des stars de l'architecture actuelle, Sir Norman Foster, le viaduc autoroutier qui franchit le Tarn en aval de Millau atteint en certains endroits une altitude de 270 mètres. Avec ces dimensions plus imposantes encore que celles de la Tour Eiffel, le *Viaduc de Millau* est actuellement le pont suspendu le plus haut du monde. Son inauguration en décembre 2004 a permis l'ouverture du trajet autoroutier le plus court entre Paris et la mer Méditerranée. Une réalisation aussi esthétique qu'indispensable, dans une région victime chaque été de terribles encombrements routiers, devenue au fil des années le cauchemar des automobilistes.

Met zijn hoogte van 343 meter is de Brug van Millau groter dan de Eiffeltoren en meteen ook de hoogste voertuigbrug ter wereld. Ze werd ontworpen door de grote architect Norman Foster om de rivier de Tarn nabij Millau, Frankrijk, te overbruggen. Op haar hoogste punt bedraagt de afstand tot de rivier 270 meter. Bij haar voltooiing in 2004 vormde de brug de laatste link op de Noord-Zuidroute tussen Parijs en de Middellandse Zee. Dat was niets te vroeg, aangezien vakantiegangers vroeger uren van wachten en fileleed moesten doorstaan aan de flessenhals gevormd door de Tarnvallei en het stadje Millau – voor veel bestuurders een ware nachtmerrie.

Only one little boy can pee into the fountain in full public view without punishment—Manneken Pis, a landmark in the Belgian city of Brussels. The 61-centimeter-tall naked tyke has been doing just that ever since he was cast in bronze by Brussels sculptor Jérôme Duquesnoy in 1619. His figure symbolizes the joie de vivre and tolerance exhibited by many Belgians. On special occasions, he even dons official garments. For instance, whenever there are international soccer games, he wears the national jersey. So far, 750 costumes have been accumulated since the Habsburg governor Max Emanuel, Elector of Bavaria, first clothed the figure in 1698.

Seul un jeune garçon peut uriner en public dans une fontaine sans provoquer la colère de la police locale. Il s'agit bien évidemment de l'adorable *Manneken Pis*, devenu depuis sa création en 1619 le symbole de la ville de Bruxelles. Cette petite statue de bronze de 61 centimètres de hauteur est une œuvre du sculpteur Jérôme Duquesnoy. Derrière son attitude mesquine se cache en fait une expression de la tolérance et de la joie de vivre qui caractérisent l'esprit belge. Pour preuve, ces derniers ne manquent pas une occasion de se jouer de la nudité du petit homme, qu'ils habillent dans les grandes occasions et notamment aux couleurs de l'équipe nationale lors d'un championnat de foot. Véritable institution nationale, ce jeu de déguisement ne date pas d'hier : en 1698 déjà, le prince Max Emmanuel de Bavière, alors gouverneur de la ville sous l'autorité des Habsbourg, avait en effet ordonné son habillement. Aujourd'hui, la garde-robe du *Manneken Pis* ne compte pas moins de sept cent cinquante costumes.

Alleen deze kleine jongen kan ongestraft open en bloot in een fontein wateren - Manneken Pis, een toeristische bezienswaardigheid in de Belgische stad Brussel. De 61 centimeter hoge, naakte vlegel doet niets anders meer sinds hij in 1619 door de Brusselse beeldhouwer Jérôme Duquesnoy in brons gegoten werd. Zijn figuur staat voor de joie de vivre en tolerantie die zo kenmerkend zijn voor vele Belgen. Bij speciale gelegenheden trekt hij zelfs officiële tenues aan. Zo draagt hij bij elke interland van de nationale voetbalploeg de trui van deze Rode Duivels. Tot dusver zijn zo al 750 kostuums de revue gepasseerd sinds de Habsburgse gouverneur Max Emanuel, Keurvorst van Beieren, het figuurtje in 1698 voor het eerst kleren aantrok.

This Roman landmark calls forth memories of ancient chariot races, gruesome gladiatorial combat, animal fights, and triumphal celebrations, and could even be flooded in order to stage sea battles. The imposing structure held 50,000 people, who could file in and out again in just a few minutes—a major architectural and logistical feat. Commissioned by the Emperor Vespasian in A.D. 72 and inaugurated by his son Titus in A.D. 80, its mighty dimensions make the Flavian Amphitheater the largest structure of its kind.

Le *Colisée*, incarnation de la splendeur de la Rome antique, respire encore les courses de chars, les cortèges triomphants, les combats de gladiateurs, de fauves, et les anciennes confrontations navales que l'on réalisait alors en inondant l'arène. Ouvrage architectural particulièrement imposant, ce bâtiment est aussi parfaitement conçu, sa surface pouvant accueillir et évacuer cinquante mille personnes en seulement quelques minutes. C'est l'Empereur Vespasien qui initia le projet en 72 après J.-C., et son fils Titus qui, huit ans plus tard, l'inaugura. Aussi appelé "Amphithéâtre Flavien", le *Colisée* est de loin le plus grand édifice de ce type.

Dit historische Romeinse monument roept herinnering op aan oude wagenrennen, gruwelijke gladiatorengevechten, spektakels met dieren en triomfantelijke vieringen en kon zelfs met water gevuld worden om zeeslagen na te bootsen. Het imposante bouwwerk bood plaats aan 50.000 mensen, die op enkele minuten tijd binnen en buiten konden – een gigantische architecturale en logistieke verwezenlijking. De bouw werd begonnen onder het bewind van Keizer Vespasianus in het jaar 72 na Christus en geïnaugureerd door zijn zoon Titus in het jaar 80. De reusachtige afmetingen maken van het 'Amphitheatrum Flavium' het grootste bouwwerk van zijn soort.

ARCHITECTURE | ARCHITECTURE | ARCHITECTUUR

ARCHITECTURE | ARCHITECTURE | ARCHITECTUUR

The Ponte Vecchio is the oldest and most famous of the six bridges spanning the Arno River in Florence, Italy. Since 1345, its railings have been lined with small shops. In 1556, Cosimo I de Medici had Vasari build an enclosed corridor above it that connected the Palazzo Vecchio with the Palazzo Pitti. The butchers and tanners who originally occupied the bridge were banished by decree in 1593. From then on, only goldsmiths were allowed, and continue to dominate the row of shops over the Arno to this day.

Le *Ponte Vecchio* est le plus vieux et le plus célèbre des ponts qui traversent l'Arno à Florence, en Italie. Construit en 1345, il porte encore sur chacun de ses flancs les échoppes typiques des ponts du Moyen Âge. En 1556, Cosme Ier de Médicis chargea Giorgio Vasari de construire, au-dessus des boutiques, une galerie couverte reliant le Palazzo Vecchio au Palazzo Pitti. Suite à cette transformation, les bouchers et les tanneurs établis à l'origine dans ce passage ont été expulsés par décret et remplacés par des marchands de plus grand standing, notamment des orfèvres. C'est ainsi que, à l'heure actuelle, les joailliers demeurent majoritaires au sein des commerces surplombant l'Arno.

De Ponte Vecchio is de oudste en beroemdste van de zes bruggen over de rivier de Arno in Firenze, Italië. Al sinds 1345 flankeren kleine winkeltjes de brug. In 1556 liet Cosimo I de Medici Vasari boven deze shops een gang bouwen die het Palazzo Vecchio met het Palazzo Pitti verbond. De slagers en leerlooiers die de brug oorspronkelijk bevolkten, werden in 1593 per decreet verbannen. Vanaf dat ogenblik waren alleen goudsmeden toegelaten en zij blijven tot op vandaag de rijen winkels over de Arno domineren.

ARCHITECTURE | ARCHITECTURE | ARCHITECTUUR

VILLA D'ESTE

Villa d'Este has undergone a complete transformation in order to provide up-to-date facilities and comfort. This renovation has left the façade intact. | La Villa d'Este a subi une transformation complète afin d'offrir des installations et un confort modernes. Cette rénovation a laissé la facade intacte. | Villa d'Este heeft een volledige transformatie ondergaan om up-to-date faciliteiten en comfort te kunnen aanbieden. Deze renovatie liet wel de gevel intact.

Located in a magnificent park, Villa d'Este is considered the "in" place at Lake Como. Built in 1568 as a summer residence for Cardinal Tolomeo Gallio, it remained in the Gallio family for over two centuries. For many years after, the great aristocracy of Europe lived in the Villa. In 1815 it became the property of Caroline of Brunswick, Princess of Wales and wife of King George IV of England. Finally Villa d'Este was transformed into a luxury hotel in 1873. Its 152 rooms and suites - no two alike in size or decor - have the intimacy of a private home.

Située dans un magnifique parc, la *Villa d'Este* est considérée comme l'endroit "in" du bord du lac de Côme. Construite en 1568 en tant que résidence d'été du Cardinal Tolomeo Gallio, elle est restée dans la famille Gallio plus de 200 ans. Les années suivantes, l'aristocratie européene a vécu dans la Villa. En 1815 elle est devenue la propriété de Caroline de Brunswick, Princesse de Galles et épouse du Roi George IV d'Angleterre. Finalement, la *Villa d'Este* fut transformée en un luxueux hôtel en 1873. Ses 152 chambres et suites – toutes différentes par leur taille et leur décoration – offrent l'intimité d'une maison privée.

Gelegen in een schitterend park wordt Villa d'Este beschouwd als de place-to-be aan het Comomeer. De villa werd in 1568 gebouwd als zomerresidentie voor Kardinaal Tolomeo Gallio en bleef nog meer dan twee eeuwen binnen de Gallio familie. Nog lange tijd hierna woonde hier de crème van de Europese aristocratie. In 1815 werd de villa eigendom van Caroline of Brunswick, Princess of Wales en echtgenote van George IV van Engeland. Uiteindelijk werd Villa d'Este in 1873 omgebouwd tot een luxehotel. Haar 152 kamers en suites – waarvan er geen twee dezelfde zijn qua afmeting of decor – hebben het intieme karakter van een privé-vertrek.

In 1873 when Villa d'Este was transformed into an Hotel, celebrities from all over the world started flocking to the shores of Lake Como. | En 1873, quand la Villa d'Este a été transformée en hôtel, les célébrités du monde entier on commencé à affluer sur les rives du lac de Côme. | In 1873, toen Villa d'Este tot een hotel werd omgebouwd, begonnen beroemdheden van over de hele wereld in grote groepen naar het Comomeer af te zakken.

Overgrown by jungle and covered with volcanic ash, the legendary Buddhist shrine of Borobudur slumbered for centuries on the tropical Indonesian island of Java. Built in the ninth century AD, this gigantic structure is the most important temple in Indian art. It was rediscovered in 1814 by then-Governor Sir Thomas Stamford Raffles, although the pyramid complex wasn't fully revealed until 1835. Thousands of Buddha statues and 1,600 bas-reliefs were unearthed. Even today, scientists are still puzzling over the secrets of Borobudur.

Envahi par la végétation et oublié sous les cendres volcaniques, le légendaire temple bouddhiste de *Borobudur* a sommeillé pendant des siècles sur l'île tropicale de Java, en Indonésie. Construit au IXᵉ siècle, ce gigantesque ensemble est reconnu comme le plus grand édifice sacré de l'art indien. Redécouverts en 1814 par le gouverneur de l'île de l'époque, Sir Thomas Stamford Raffles, le temple et ses pyramides nécessitèrent jusqu'en 1835 d'importants travaux de dégagement pour réapparaître. Une peine largement justifiée, qui permit en effet de mettre à jour quelque 1600 bas-reliefs ainsi que des milliers de statues bouddhiques. Aujourd'hui encore, les scientifiques continuent d'explorer les nombreux secrets de la mystérieuse cité de *Borobudur*.

Overwoekerd door oerwoud en bedekt onder een laag vulkanische as, leidde de Boeddhistische schrijn van Borobudur eeuwenlang een sluimerend bestaan op het tropische Indonesische eiland Java. Gebouwd in de negende eeuw voor Christus, is dit gigantische bouwwerk de belangrijkste tempel binnen de Indische kunst. Hij werd herontdekt in 1814 door de toenmalige gouverneur, Sir Thomas Stamford Raffles, maar de onthulling van het volledige piramidecomplex kwam er pas in 1835. Duizenden Boeddhistische beelden en 1.600 bas-reliëfs werden daarbij blootgelegd. Zelfs vandaag nog zijn wetenschappers bezig met het ontsluieren van de geheimen van Borobudur.

This 163-kilometer waterway connects the Egyptian Mediterranean with the Red Sea and forms the boundary between Africa and Asia. Built by the Frenchman Ferdinand de Lesseps and opened in 1869, this desert crossing between Port Said in the north and the Gulf of Suez in the south significantly shortened the journey between Europe and Asia. Conflicts have repeatedly erupted over the control of this economically and strategically vital canal, including the Suez Crisis of 1956, which served to weaken Britain's economic power and strengthen Egypt's political power.

Le *Canal de Suez*, long de 163 kilomètres, relie la Méditerranée à la mer Rouge, traçant ainsi une frontière nette entre l'Afrique et l'Asie. Orienté nord/sud et rattachant plus précisément Port Saïd à Suez, cette construction traversant le désert, imaginée par l'urbaniste français Ferdinand de Lesseps, fut inaugurée en 1869. Permettant de réduire considérablement la route maritime entre l'Europe et l'Asie, son intérêt est avant tout d'ordre stratégique,   et c'est pourquoi, au cours du XXᵉ siècle, il fut à l'origine de plusieurs conflits. On se souvient tout particulièrement de la "crise de Suez" de 1956 ; un événement aux conséquences politiques importantes, puisqu'il se solda par un affaiblissement de la puissance économique britannique et par un accroissement de l'influence politique de l'Égypte.

Deze 163 kilometer lange waterweg verbindt de Egyptische Middellandse Zee met de Rode Zee en vormt de grens tussen Afrika en Azië. Gebouwd door de Fransman Ferdinand de Lesseps en geopend in 1869, verkortte deze woestijnoversteek tussen Port Said in het noorden en de Golf van Suez in het zuiden aanzienlijk de reis tussen Europa en Azië. Herhaaldelijk braken er conflicten uit voor de controle over dit economisch en strategisch levensbelangrijke kanaal, waaronder de Suezcrisis van 1956, die tot doel had de Britse economische macht te verzwakken en de politieke macht van Egypte te versterken.

The Sagrada Família is both the architect Antoni Gaudí's masterpiece and a Barcelona landmark. Begun in 1882, it has been under construction for over 125 years, and is the most famous and most visited construction site in Spain. Gaudí himself died in 1926 and was buried in the basilica. His successors have tried to continue the work as he conceived it, even though the plans were lost in the Spanish Civil War. For the church to be completed as planned by the hundredth anniversary of Gaudí's death, ten more towers will have to be added to the eight already standing today.

La *Sagrada Familia* est à la fois l'œuvre majeure de l'architecte Antoni Gaudí et le symbole principal de la ville de Barcelone. Initié en 1882, cet édifice n'est toujours pas terminé après plus de cent vingt-cinq ans de travaux ; cependant, il s'agit là du plus célèbre et du plus visité des grands chantiers espagnols ! Gaudí, mort en 1926, est enterré dans la basilique ; c'est dans le respect de son esprit que ses nombreux successeurs ont essayé d'achever l'ouvrage, mais cette tâche s'est sévèrement compliquée suite à la destruction des plans d'origine durant la guerre d'Espagne. Ainsi, afin que la *Sagrada Familia* soit accomplie comme prévu pour le centenaire de la mort de Gaudí – c'est-à-dire en élevant les dix-huit tours imaginées par l'artiste –, ce ne sont pas moins de dix nouvelles tours qui devront encore sortirent de terre...

De Sagrada Família is tegelijkertijd een meesterwerk van de architect Antoni Gaudí en een toeristische trekpleister voor Barcelona. De bouw van deze basiliek werd aangevat in 1882 en loopt 127 jaar later nog altijd door - het is dan ook de beroemdste en meest bezochte bouwwerf van Spanje. Gaudi zelf overleed in 1926 en ligt in de basiliek begraven. Zijn opvolgers hebben geprobeerd het werk voort te zetten zoals het door hem geconcipieerd werd, ook al gingen de plannen tijdens de Spaanse Burgeroorlog verloren. Om de kerk zoals gepland voltooid te krijgen tegen de 100ste verjaardag van Gaudi's overlijden, moeten nog tien torens worden toegevoegd aan de acht die er vandaag al staan.

Stairs of Sagrada Familia when returning from tower. | Les escaliers sinueux de la Sagrada Familia. | De trappen van de Sagrada Família wanneer men afdaalt van de toren.

ARCHITECTURE | ARCHITECTURE | ARCHITECTUUR

The Tower of London has been a fortress, a palace, a prison, and an armory. It's the oldest building in the City, as well as England's most famous prison. Its 900-year history includes gruesome tales of torture and executions of prisoners. For example, Henry the Eighth had two of his wives murdered here. Today, the Tower is one of London's most popular attractions. Since 1303, it has housed the world-famous British crown jewels, perhaps the most valuable collection of jewels ever to exist.

À la fois citadelle, arsenal et palais, la *Tour de Londres* est le plus vieil édifice de la ville et la plus célèbre prison d'Angleterre. Lieu de tous les scandales – Henri VIII y fit notamment assassiner deux de ses épouses – ses neuf siècles d'histoire sont parcourus de récits de torture et d'exécutions, tous plus horribles les uns que les autres. Paradoxalement, la *Tour de Londres* est aujourd'hui l'édifice le plus visité de la ville ; elle attire d'innombrables touristes, qui viennent y admirer les illustres joyaux de la Couronne. Cette collection de diamants et de pièces d'orfèvrerie, probablement unique au monde, y est conservée depuis 1303.

De Tower of London, het oudste gebouw in de City en de meest beruchte gevangenis van Engeland, heeft in de loop der jaren dienst gedaan als fort, paleis, gevangenis en arsenaal. Tot haar 900 jaar oude geschiedenis behoren gruwelijke verhalen van martelingen en executies van gevangenen. Zo liet Henry de Achtste hier twee van zijn echtgenoten vermoorden. Vandaag is de Tower een van de populairste attracties van Londen. Sinds 1303 herbergt hij de wereldberoemde Britse kroonjuwelen, misschien wel de meest waardevolle collectie juwelen ooit.

Estimates differ, but in its heyday this library—the most famous of the ancient world—is supposed to have contained more than 700,000 scrolls. Ptolemy I and Ptolemy II established two libraries in the third century BC, the larger in the Museum and the smaller in the Serapeum, modeling them on the Greek schools of philosophy. All literary works of the day were gathered here, where they were of key importance to the spread of Greek scholarship and the development of the ancient sciences.

Bien que les estimations diffèrent, il semblerait que la *Bibliothèque d'Alexandrie* – la plus célèbre de l'Antiquité – ait compté dans ses beaux jours jusqu'à sept cent mille rouleaux de papyrus. Cette incroyable collection s'est formée suite à l'initiative des rois d'Égypte Ptolémée Ier et Ptolémée II, au IIIe siècle av. J.-C., qui initièrent la formation de deux bibliothèques sur le modèle des écoles philosophiques grecques. Toute la production littéraire de l'époque était alors collectée en ces lieux, contribuant d'une manière déterminante au rayonnement de la culture grecque et au développement des sciences antiques.

De schattingen variëren, maar in zijn hoogdagen zou deze bibliotheek – de beroemdste uit de antieke oudheid – meer dan 700.000 rollen hebben bevat. Ptolemaeus I en Ptolemaeus II richtten twee bibliotheken op in de derde eeuw voor Christus, de grootste in het Museum en een kleinere in het Serapeum, en modelleerden ze naar de Griekse filosofische scholen. Alle literaire werken van die tijd werden hier verzameld, waar ze van vitaal belang werden voor de verspreiding van de Griekse geleerdheid en de ontwikkeling van de vroege wetenschappen.

There are those who claim that its shadow is visible from outer space. Be that as it may, at an estimated length of 6,350 kilometers, the Great Wall of China certainly breaks every record. Although it does not run continuously but is broken up into a number of sections, it's still the largest structure in the world in terms of mass and volume. It was originally built at the end of the third century BC as a protective barrier against nomadic tribes and to safeguard trade routes. It reached its current form and length between 1368 and 1620, during the Ming Dynasty.

Certains prétendent qu'on peut la voir de l'espace. Ce qui est sûr, c'est qu'avec une longueur totale approchant les 6350 kilomètres, la *Grande Muraille de Chine* bat tous les records. Bien qu'elle ne soit pas continue – sectionnée en de nombreux tronçons –, elle reste la plus grande structure jamais réalisée en termes de masse et de volume. Sa construction a débuté au IIIᵉ siècle av. J.-C., dans le but de protéger la frontière nord de la Chine contre les invasions barbares et de sécuriser les routes commerciales. Se modelant au fil des siècles et des nécessités stratégiques, elle a finalement atteint sa forme actuelle entre 1368 et 1620, sous les dynasties Ming puis Qing.

Er zijn er die beweren dat haar schaduw zichtbaar is vanuit de ruimte. Of dat nu klopt of niet, met een geschatte lengte van 6.350 kilometer breekt de Chinese Muur in elk geval alle records. Hoewel de Muur niet continu doorloopt, maar in een aantal secties onderverdeeld is, is hij toch nog altijd de grootste constructie ter wereld in termen van massa en volume. Hij werd oorspronkelijk gebouwd aan het einde van de derde eeuw voor Christus als verdedigingswal tegen nomadische stammen en om de handelsroutes te beveiligen. Zijn huidige vorm en lengte bereikte de Muur tussen 1368 en 1620 tijdens de heerschappij van de Ming-dynastie.

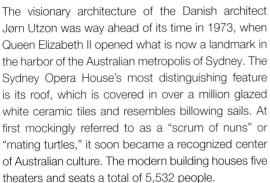

The visionary architecture of the Danish architect Jørn Utzon was way ahead of its time in 1973, when Queen Elizabeth II opened what is now a landmark in the harbor of the Australian metropolis of Sydney. The Sydney Opera House's most distinguishing feature is its roof, which is covered in over a million glazed white ceramic tiles and resembles billowing sails. At first mockingly referred to as a "scrum of nuns" or "mating turtles," it soon became a recognized center of Australian culture. The modern building houses five theaters and seats a total of 5,532 people.

Fruit de l'imagination fertile de l'architecte danois Jørn Utzon, cet ouvrage audacieux situé dans le port de Sydney parut incroyablement avant-gardiste lorsque la reine Élisabeth II l'inaugura en 1973. Devenu entre-temps le symbole de la plus grande métropole d'Australie, l'*Opéra de Sydney* se distingue désormais par son toit recouvert de plus d'un million de plaques de céramique blanche, et dont la forme poétique évoque les voiles d'un bateau gonflées par le vent. Tout d'abord qualifié de "tartelette danoise" ou de "tortues albinos en train de s'accoupler", le centre s'est finalement affirmé comme un haut lieu de la culture australienne, logeant entre ses murs cinq salles de concert pouvant accueillir un total de cinq mille cinq cent trente-deux spectateurs.

In 1973, toen Koningin Elisabeth II dit Australische icoon in de haven van metropolis Sydney opende, was de visionaire architectuur van de Deen Jørn Utzon zijn tijd ver vooruit. Het meest opvallende kenmerk van het Sydney Opera House is het dak, dat bedekt is met meer dan een miljoen geglazuurde witte keramische tegels en nog het best op bolle zeilen lijkt. Aanvankelijk spottend een "scrum van nonnen" of "parende zeeschildpadden" genoemd, werd het al snel een algemeen erkend centrum van Australische kunst. Het moderne gebouw huisvest vijf theaters en biedt zitplaats aan in totaal 5.532 mensen.

Of all the Seven Wonders of the Ancient World, only the Pyramids of Giza in Egypt remain. Aged about 4,500 years, they are the oldest man-made structures in existence, together with the Great Sphinx—a recumbent lion with a human head. The construction process of the royal tombs was surprisingly precise for its time, the builder had to move three million blocks with no help of wheels and pulleys. Compared to the 146.6 meters of the Pyramid of Cheops, the largest pyramid in the world, the Sphinx seems small with its only 20 meters in height. Both structures are still surrounded by mysteries—the answers will perhaps remain the Sphinx's secret forever.

Parmi les sept merveilles du monde antique, seul l'ensemble constitué par les grandes pyramides de *Gizeh* est parvenu jusqu'à nous. Construits il y a environ quatre mille cinq cents ans, ces mausolées pharaoniques constituent – avec le Sphinx voisin, un lion allongé à tête humaine – les plus anciens édifices du monde. Au-delà de leur ancienneté, les pyramides nous déroutent par le secret de leur construction : car ni la roue ni le palan n'existaient à l'époque où leurs bâtisseurs ont œuvrés, or ceux-ci ont bel et bien dû empiler trois millions de blocs de pierre pour ériger ces édifices parfaits. Le Sphinx, avec ses 20 mètres de haut, semble relativement petit comparé à la pyramide de Chéops – la plus grande au monde avec ses 146,6 mètres de hauteur. Cependant, tous ces édifices conservent la même aura, et il est probable qu'ils conservent leurs mystères pour longtemps encore.

Van alle Zeven Wereldwonderen van de Antieke Oudheid, blijven alleen nog deze Piramiden van Gizeh overeind. Ongeveer 4.500 jaar geleden gebouwd, vormen ze samen met de Grote Sfinx – een liggende leeuw met mensenhoofd – de oudste, door de mens gemaakte constructies die nog bestaan. Het bouwproces van de Koninklijke graftombes was voor die tijd verrassend precies; de bouwers moesten drie miljoen stenen blokken verplaatsen, zonder terug te kunnen vallen op wielen of katrollen. Vergeleken met de 146,6 meter van de Piramide van Cheops, 's werelds grootste piramide, lijkt de sfinx met zijn hoogte van 20 meter eerder klein. Rond beide bouwwerken hangen nog heel wat mysteries waarvan de antwoorden misschien wel voor altijd het geheim van de Sfinx zullen blijven.

There are many locations in this world that have witnessed wars, atrocities and catastrophes throughout the course of history. As a result, memorials have been erected at many of these locations in order to remember the events that took place there and also to serve as a warning to future generations. One such memorial is the wreck of the battleship USS Arizona resting at the bottom of the harbor to this day to commemorate the Japanese attack on Pearl Harbor in 1941. Former Nazi concentration camps such as Auschwitz in Poland serve as reminders of the Holocaust while "Ground Zero", the giant gap in Manhattan, NY, left behind after the collapse of the World Trade Center in the wake of 9/11, became the new synonym for terrorism. Memories of atrocities like these tend to be burned into our minds not only by their devastating effects but also by their historical and political consequences. Other locations simply stand out in their value to man's cultural heritage, such as Petra, the ancient capital city of the Nabateans, an Arab trading people from the Hellenistic and Roman periods. Abandoned long since, Petra is now an archeological site in present-day Jordan. In their own way, all of these locations give testimony to the vicissitudes of mankind.

Nombre de lieux ont été, au cours des siècles, le théâtre d'événements historiques, de catastrophes, ou de crimes majeurs. Des mémoriaux y sont souvent dressés pour que le souvenir se transmette aux générations futures. Citons notamment : le musée construit au-dessus de l'épave du cuirassé USS Arizona, coulé dans la rade de Pearl Harbor durant l'attaque surprise des Japonais en 1941 ; le camp d'Auschwitz, en Pologne, où les nazis ont exterminé des centaines de milliers de Juifs ; ou encore le mémorial Ground Zero à Manhattan, qui commémore l'effondrement des tours du World Trade Center, consécutif aux attentats terroristes du 11 septembre 2001. Certes, les événements dramatiques de ce type se gravent plus facilement dans la mémoire collective du fait de leur portée historique et politique. Mais d'autres lieux plus paisibles témoignent également des vicissitudes de l'histoire de l'Humanité, telle la cité troglodyte de Pétra, ancienne capitale des Nabatéens et ville commerçante jadis prospère du désert de Jordanie.

Er zijn veel plaatsen op deze wereld die in de loop van de geschiedenis oorlogen, wreedheden en catastrofen hebben gekend. En op veel van deze plaatsen zijn monumenten opgericht om de gebeurtenissen die er plaatsvonden te gedenken en als waarschuwingn te dienen voor toekomstige generaties. Neem bijvoorbeeld het wrak van het oorlogsschip USS Arizona, dat tot op vandaag op de bodem van de haven rust om de Japanse aanval op Pearl Harbour in 1941 te gedenken. Voormalige naziconcentratiekampen zoals dat van Auschwitz in Polen herinneren aan de Holocaust terwijl "Ground Zero", de reusachtige leegte in hartje Manhattan die ontstond na de instorting van het World Trade Center in de nasleep van 9/11, tot het nieuwe symbool voor terrorisme is uitgegroeid. De herinneringen aan wreedheden zoals deze zijn op ons netvlies geprent, niet alleen door de vernietigende effecten ervan maar ook door hun historische en politieke gevolgen. Andere locaties onderscheiden zich dan weer door hun grote bijdrage aan het cultureel erfgoed van de mens, zoals Petra, de oude hoofdstad van de Nabateeërs, een Arabisch handelsvolk uit de Griekse en Romeinse Oudheid. Al sinds lange tijd verlaten, is Petra een archeologische site in wat nu Jordanië is. Op hun heel eigen manier getuigen al deze locaties van het wisselvallige lot van de mens.

HISTORY | HISTOIRE | GESCHIEDENIS

Cuban leader Fidel Castro jumps from a tank as he arrives at Giron, near the Bay of Pigs in April 1961. | Le leader Cubain Fidel Castro sautant d'un tank en arrivant à Giron, près de la Baie des Cochons en Avril 1961. | De Cubaanse leider Fidel Castro springt van een tank bij zijn aankomst in Giron, dichtbij de Varkensbaai, in april 1961.

The name "Bahía de Cochinos" refers not to pigs, but to triggerfish on the south coast of Cuba (the Spanish word for both animals being the same). The Bay of Pigs achieved international fame when a CIA-backed army of Cuban exiles invaded it on April 17, 1961. The troops met with fierce resistance and failed in their attempt to overthrow Cuban president Fidel Castro. In the year following, the Cuban Missile Crisis nearly resulted in a nuclear war, until the U.S. and Soviet Union agreed to the dismantling of the nuclear missiles in secret negotiations.

Le nom espagnol *Bahía de Cochinos* ne fait pas, malgré les apparences, références aux porcs, mais bien aux balistes, une espèce de poissons répandue aux abords de la côte sud de Cuba. La *Baie des Cochons* doit sa notoriété internationale aux événements du 17 avril 1961, au cours desquels des exilés cubains soutenus par la CIA tentèrent d'envahir l'île pour renverser le régime de Fidel Castro. Cette initiative suscita une résistance acharnée de la part de la population et des troupes cubaines et tourna rapidement à la débâcle. L'année suivante, le monde manqua de plonger dans une guerre atomique du fait de l'installation de fusées soviétiques sur l'île de Cuba. Américains et Russes réussirent finalement à s'accorder lors de négociation secrètes sur le démantèlement des missiles nucléaires, synonymes de sortie de la crise.

De naam "Bahía de Cochinos" verwijst niet naar varkens, maar naar de trekkervis aan de zuidoostkust van Cuba (het Spaanse woord voor beide dieren is hetzelfde). De Varkensbaai werd internationaal wereldnieuws toen een door de CIA gesteund leger van Cubaanse bannelingen er op 17 april 1961 binnenviel. De troepen werden geconfronteerd met hevige weerstand en slaagden niet in hun opzet om de Cubaanse president Fidel Castro omver te werpen. In het volgende jaar leidde de Cubaanse raketcrisis bijna tot een nucleaire oorlog tot de VS en de Sovjet-Unie na geheime onderhandelingen overgingen tot de ontmanteling van de kernraketten.

Checkpoint Charlie on Friedrichstrasse in Berlin is one of the world's most famous border crossings. From 1961 to 1990, it was the link between Berlin's American and Soviet sectors and thus between East and West Berlin. The name Charlie simply refers to the letter "C" in the NATO phonetic alphabet. Attempts to escape from the east into the free western part of the city were almost always unsuccessful. For instance, a man named Peter Fechter who tried to escape in 1962 was shot in the back by border guards and bled to death on the barbed wire while the world looked on.

Entre 1961 et 1990, *Checkpoint Charlie* fut l'un des points de passage de la frontière interallemande. Situé sur la Friedrichstrasse à Berlin, il permettait aux étrangers de naviguer entre le secteur américain et le secteur soviétique, c'est-à-dire de Berlin-Ouest à Berlin-Est. Sa dénomination est issue du code en usage parmi les troupes de l'OTAN, qui utilisaient alors la lettre "C" pour désigner ce point de contrôle. Ce passage fut le lieu de nombreuses tentatives de fuite de l'est vers l'ouest. Presque toutes échouèrent. La plus dramatique fut assurément celle de Peter Fechter en 1962, qui, mortellement atteint par des tires de militaires, se vida de son sang près des fils barbelés, sous les regards horrifiés de nombreux témoins.

Checkpoint Charlie in de Friedrichstrasse in Berlijn is een van 's werelds beroemdste grensovergangen. Van 1961 tot 1990 was dit de verbinding tussen de Amerikaanse sector en de Sovjetsector en dus tussen Oost- en West-Berlijn. De naam Charlie verwijst gewoon naar de letter "C" in het fonetische alfabet van de NAVO. Pogingen om het oosten te ontvluchten voor het vrije westelijke deel van de stad waren nagenoeg tot mislukken gedoemd. Zo werd een zekere Peter Fechter, toen hij in 1962 wilde vluchten, in de rug neergeschoten door grenswachters, waarna hij op het prikkeldraad doodbloedde terwijl de wereld toekeek.

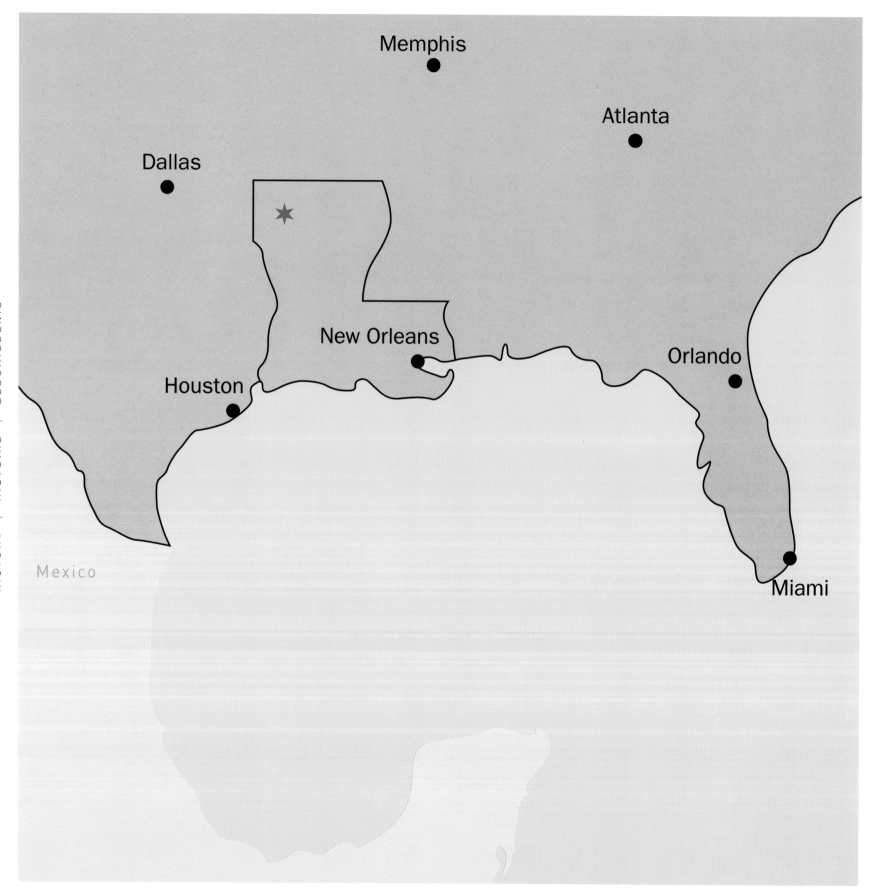

Memphis

Atlanta

Dallas

New Orleans

Orlando

Houston

Mexico

Miami

The most infamous pair of gangsters in American history, Bonnie Elisabeth Parker and Clyde Chestnut Barrow, died in their automobile in the early morning hours of May 23, 1934. Having learned that the couple was staying in Bienville Parish in Louisiana, the police lay in ambush and then riddled the car bullets. Thus ended the criminal career of Bonnie and Clyde, who had achieved dubious fame with approximately 13 murders (nine of them police officers), bank robberies and other heists. Their story has been immortalized in songs and films.

Le plus illustre couple de gangsters américains, Bonnie Elisabeth Parker et Clyde Chestnut Barrow, sont morts dans la petite ville de *Bienville Parish*, en Louisiane, à l'aube du 23 mai 1934. Leur voiture, criblée de balles, rappelle le guet-apens tendu ce jour-là par la police locale, ayant appris que le duo se cachait dans les alentours. Ce fut la fin du gang "Bonnie & Clyde", auteur de nombreuses attaques à main armée et responsable de la mort d'une douzaine de personnes, dont neuf policiers. Célèbres et charismatiques, les deux bandits ont été immortalisés à jamais, grâce à plusieurs films et chansons à succès qui rappellent leur intrépide histoire d'amour.

Het meest beruchte gangsterpaar uit de Amerikaanse geschiedenis, Bonnie Elisabeth Parker en Clyde Chestnut Barrow, stierf in hun wagen in de vroege ochtenduren van 23 mei 1934. Nadat de politie had vernomen dat het koppel in Bienville Parish in Louisiana verbleef, legde ze zich in hinderlaag om de wagen vervolgens met kogels te doorzeven. Zo eindigde de criminele carrière van Bonnie en Clyde, die met een dertiental moorden (waarvan negen politieagenten), bankovervallen en andere roofovervallen een dubieuze reputatie opgebouwd hadden. Hun verhaal werd onsterfelijk gemaakt in songs en films.

Once a 700-year-old city on the Gulf of Naples, Pompeii was buried beneath a 25-meter layer of ash and pumice when Mt. Vesuvius erupted on August 24 in 79 AD. Systematic excavation did not begin until 1748. Pompeii proved to be an archaeological windfall. The lava had preserved a snapshot of life in this favorite residence of the Roman middle class. Entire streets of houses, theaters, cisterns, temples, public baths, countless wall paintings, and even a brothel were preserved. It has even been possible to create plaster models of some of the victims.

Située dans la baie de Naples, la ville de *Pompéi* était déjà sept fois centenaire lorsqu'elle fut détruite par une éruption du Vésuve, le 24 août de l'an 79. Recouverte d'une couche compacte de cendres et de pierres volcaniques approchant une épaisseur de 25 mètres, la cité italienne disparaissait alors soudainement de la surface de la Terre. Il aura fallu attendre 1748 pour que des fouilles, réalisées sur la zone de manière systématique, révèlent la richesse archéologique du site. Événement spectaculaire et rare, la catastrophe naturelle a littéralement figé un jour de la vie d'une cité romaine prospère, laissant un héritage inestimable à la postérité. C'est ainsi que des archéologues ont retrouvé des rues entières pratiquement intactes, un théâtre, un temple, des thermes – et une maison de passe de l'époque en parfait état ! D'innombrables peintures murales ont également été mises à jour, et il a même été possible de mouler dans le plâtre certaines victimes particulièrement bien conservées.

De stad Pompeii was 700 jaar oud toen ze begraven werd onder een 25 meter dikke laag as en puimsteen na een uitbarsting van de berg Vesuvius op 24 augustus in het jaar 79 voor Christus. De systematische opgraving, die pas startte in 1748, bleek een archeologische buitenkans. De lava had een snapshot van het leven gemaakt in deze favoriete verblijfplaats van de Romeinse middenklasse aan de Golf van Napels. Hele straten met huizen, theaters, waterputten, tempels, openbare badhuizen, talloze muurschilderingen en zelfs een bordeel waren bewaard gebleven. Het was zelfs mogelijk om van een aantal slachtoffers gipsmodellen te maken.

The stealthy and devastating Japanese air attack on the U.S. naval fleet stationed in Pearl Harbor on the island of Oahu, Hawaii, on December 7, 1941, was the turning point in World War II and the impetus for America to join the war. Japanese fighter planes launched from six aircraft carriers attacked Pearl Harbor in two waves, leaving destruction in their wake: 2,403 Americans died, and 12 ships and 164 airplanes were destroyed. Today, the USS Arizona Memorial stands directly above the sunken USS Arizona battleship to commemorates these events.

Le 7 décembre 1941 a changé le cours de la Seconde Guerre mondiale. Ce jour-là, les troupes japonaises ont lancé deux raids aériens surprises sur la flotte américaine stationnée à *Pearl Harbor*, sur l'île d'Oahu, dans l'archipel d'Hawaii. Le bilan fut lourd pour les Américains, avec deux mille quatre cent trois tués, cent soixante-quatre avions détruits et douze navires coulés. Cette attaque déterminante a poussé les États-Unis à intervenir directement dans le conflit mondial, aux côtés des alliés. Aujourd'hui, à Pearl Harbor, le *USS Arizona Memorial* – du nom de l'un des navires coulés – est le lieu de commémoration des tragiques événements de l'hiver 1941.

De even onverwachte als verwoestende Japanse luchtaanval op de Amerikaanse marinebasis in Pearl Harbor op het eiland Oahu, Hawaï, op 7 december 1941 was het keerpunt in Wereldoorlog II en de aanzet voor Amerika om mee ten oorlog te trekken. Japanse gevechtsvliegtuigen gelanceerd vanuit zes vliegdekschepen vielen Pearl Harbor aan in twee golven en zaaiden daarbij dood en vernieling: 2.043 Amerikanen lieten het leven en 12 schepen en 164 vliegtuigen werden vernield. Vandaag verrijst het USS Arizona Memorial uit het water boven het wrak van het USS Arizona-oorlogsschip om deze gebeurtenis te gedenken.

HISTORY | HISTOIRE | GESCHIEDENIS

When Vladimir Ilyich Ulyanov Lenin, the leader of the Russian Revolution, died in 1924, Stalin ordered that he be embalmed and laid to rest in a hastily constructed wooden tomb on Red Square in Moscow. The impromptu shelter was later replaced by another wooden structure. The current mausoleum, made from deep-red granite, didn't appear until 1930. During the Soviet era, it was Moscow's most important and most frequently visited attraction. Lenin's body is still displayed in an illuminated glass coffin. A team of twelve scientists is charged with the care and maintenance of the deceased. Every three years, he's dressed in a new suit and tie.

À la mort de Vladimir Ilitch Oulianov Lénine en 1924, Staline ordonna que soit construit sur la Place Rouge un bâtiment de bois destiné à recevoir la dépouille embaumée du leader de la révolution russe lors de ses funérailles nationales. Cet édifice a ensuite été remplacé, dans un premier temps par une autre structure en bois, puis en 1930 par l'actuel mausolée de granit rouge. À l'époque soviétique, le *Mausolée de Lénine* était le bâtiment le plus visité de Moscou. Aujourd'hui, le corps de Lénine y repose toujours dans un cercueil en verre illuminé ; cette prouesse est possible uniquement grâce aux efforts d'entretien d'une douzaine de scientifiques, chargée de la conservation du corps et des soins cosmétiques qu'il requiert. Notons que tous les trois ans, la dépouille mortelle est revêtue d'un nouveau costume cravate !

Toen Vladimir Ilyich Ulyanov Lenin, de leider van de Russische Revolutie, in 1924 overleed, beval Stalin dat hij zou worden gebalsemd en te rusten gelegd in een in zeven haasten gebouwd houten praalgraf op het Rode Plein in Moskou. De geïmproviseerde graftombe werd later vervangen door een andere houten constructie. Het huidige mausoleum, gemaakt van dieprood graniet, kwam er pas in 1930. Tijdens het Sovjettijdperk was het de belangrijkste en meest bezochte attractie van Moskou. Lenins lichaam wordt er nog steeds getoond in een verlichte glazen kist. En nog altijd is een team van twaalf wetenschappers belast met de zorg voor de overledene. Elke drie jaar krijgt hij een nieuw pak met das aangemeten.

As a military term, "ground zero" refers to a bomb's point of detonation. Today, it has become synonymous with the crater left by the terrorist attack on New York's World Trade Center. On September 11, 2001, Islamic suicide bombers hijacked two commercial airliners and flew them into the Twin Towers. The towers then collapsed, burying thousands of people beneath the rubble. In 2006, a museum was opened on the original site to commemorate the victims of this horrific attack. Also in 2006, the cornerstone was laid for the 541-meter "Freedom Tower" based on a design by Daniel Libeskind.

Terme militaire utilisé pour définir le point d'impact d'une bombe, *Ground Zero* désigne désormais le vide laissé en plein cœur de New York par la destruction du World Trade Center. Le 11 septembre 2001, les *"Twin Towers"* s'écroulaient en effet sous l'impact de deux avions de ligne détournés par des terroristes islamiques. Un musée, consacré aux milliers de victimes ensevelies sous les décombres lors du terrible attentat suicide, a été inauguré sur place en octobre 2006. La première pierre de la *"Freedom Tower"*, un édifice de 541 mètres dessiné par Daniel Libeskind, a été posée sur les lieux du drame en 2006.

Als militair begrip verwijst "ground zero" naar het punt van ontploffing van een bom. Vandaag is het een synoniem geworden voor de krater die overbleef na de terroristische aanval op het New Yorkse World Trade Center. Op 11 september 2001 kidnapten islamitische zelfmoordterroristen twee commerciële vliegtuigen en vlogen ermee in de Twin Towers. De torens stortten in en begroeven duizenden mensen onder het puin. In 2006 werd op de originele site een museum geopend om de slachtoffers van deze verschrikkelijke aanval te gedenken. Nog in 2006 werd de eerste steen gelegd voor de 541 meter hoge "Freedom Tower", gebaseerd op een ontwerp van Daniel Libeskind.

The World Trade Center had a total of seven buildings, but the most notable were the main twin towers, which each were 110 stories tall. | Le World Trade Center comportait sept bâtiments, mais les plus notables étaient étaient les Twin Towers, chacune de 110 étages de haut. | Het World Trade Center telde in totaal zeven gebouwen, maar de beroemdste waren de twee hoofdtorens, elk 110 verdiepingen hoog.

The Brandenburg Gate has both experienced and symbolizes Germany's checkered past. It's Berlin's only remaining city gate and was built in the period from 1789 to 1791 in memory of Friedrich Wilhelm II. In more recent history, the classical structure was located in the no-man's-land between East and West after the Berlin Wall was built in 1961. Following the turnaround in East Germany and the fall of the Berlin Wall on November 9, 1989, it was reopened on December 22 to the jubilation of hundreds of thousands of people. Today it symbolizes unified Germany and is Berlin's most famous landmark.

Devenue un symbole national, la *porte de Brandebourg* incarne parfaitement l'histoire mouvementée de l'Allemagne. Construite entre 1789 et 1791 et recouverte de décoration qui évoque les victoires militaires de Frédéric le Grand, elle est la seule porte de la ville préservée suite à l'édification du mur de Berlin en 1961. À compter de cette date, cet édifice néo-classique s'est vu abandonné au cœur du "*no man's land*" séparant les secteurs est et ouest de la ville. La chute du Mur de Berlin, le 9 novembre 1989, a précédée la réouverture de la *porte de Brandebourg*, le 22 décembre – un événement que des centaines de milliers de personnes ont célébré dans l'allégresse. Désigné comme étant le monument le plus célèbre de Berlin, elle est désormais l'expression de l'Allemagne réunifiée.

De Brandenburger Tor of Brandenburgse Poort was en is getuige en symbool van de veelbewogen Duitse geschiedenis. Deze enige overblijvende stadspoort van Berlijn werd gebouwd in de periode van 1789 tot 1791 ter nagedachtenis van Friedrich Wilhelm II. In de meer recente geschiedenis lag deze klassieke constructie na de bouw van de Berlijnse Muur in 1961 in het niemandsland tussen Oost en West. Na de "Wende" in Oost-Duitsland en de val van de Berlijnse Muur op 9 november 1989 werd de Poort op 22 december tot grote vreugde van honderdduizenden mensen heropend. Vandaag staat ze symbool voor het verenigde Duitsland en vormt ze het best gekende monument van Berlijn.

The Last Emperor, movie about the life of Puyi, the last Emperor of China, directed by Bernardo Bertolucci and released in 1987 by Columbia Pictures. | *The Last Emperor,* un film sur la vie de Puyi, le dernier Empereur de Chine, réalisé par Bernardo Bertolucci et sorti en 1987, distribué par Columbia Pictures. | 'The Last Emperor', een film over het leven van Puyi, de laatste Keizer van China, geregisseerd door Bernardo Bertolucci en uitgebracht in 1987 door Columbia Pictures.

Located in the middle of Beijing, it was the seat of Chinese emperors during the Ming and Qing dynasties, all the way up until the 1911 Revolution. Except the imperial holding of court, no one else was allowed to enter, which is how it got its name. This masterpiece of Chinese architecture was built by the Yongle Emperor in a checkerboard layout with the Imperial Palace at its center, and was completed in 1421. The compound is surrounded by 10-meter walls and a 3.8-kilometer-long moat, and contains 890 palace buildings with 9,999.5 rooms. The Palace opened its gates to the public for the first time in 1924.

Située en plein cœur de Pékin, la *Cité Interdite* fut la résidence officielle des empereurs Ming et Qing jusqu'à la révolution de 1911. Strictement réservé au souverain, à sa famille et à ses serviteurs, le palais fut construit sur ordre de l'empereur Yongle à partir de 1406, et s'imposa bientôt comme un véritable chef-d'œuvre de l'architecture chinoise. Sa réalisation s'acheva en 1421, fidèle à son plan initial, en forme de damier qui prévoyait l'élévation en son centre du palais impérial proprement dit. Totalement isolée de l'extérieur, la demeure est entourée d'un mur d'enceinte haut de 10 mètres, et de douves s'étendant sur 3800 mètres. En son sein, ce sont huit cent quatre-vingt-dix édifices palatiaux qui se dressent, divisés en neuf mille neuf cent quatre-vingt-dix-neuf pièces et demie. Autant de mystères qui se révélèrent en 1924, lorsque la *Cité Interdite* ouvrit ses portes au public pour la première fois.

Gelegen in het midden van Peking, was de Verboden Stad de zetel van de Chinese keizers tijdens de Ming en Qing-dynastieën, helemaal tot aan de Revolutie in 1911. De naam verwijst naar het feit dat de stad verboden terrein was voor iedereen buiten de keizerlijke hofhouding. Dit meesterwerk van Chinese architectuur werd in een dambordpatroon gebouwd door Keizer Yongle, met het Keizerlijk Paleis in het midden, en werd voltooid in 1421. Het complex is omgeven door 10 meter hoge muren en een 3,8 kilometer lange gracht en telt 890 paleisgebouwen met 9.999,5 kamers. Het Paleis opende in 1924 voor het eerst zijn deuren voor het grote publiek.

Aerial photo of the concrete-and-steel sarcophagus, which entombs reactor No. 4, right from the chimney. | Photo aérienne du sarcophage en béton et en acier qui enterre le réacteur n°4, à droite de la cheminée. | Luchtfoto van de sarcofaag in staal en beton, die reactor nr.4, rechts van de schouw, omhult.

It was probably the worst environmental catastrophe of all time, with long-term consequences for humans and the natural world that even today cannot be fully assessed. On April 26, 1986, a test rig went out of control, resulting in a core meltdown with massive explosions at the Chernobyl nuclear power plant in what was then the Soviet Union (now Ukraine). The invisible radioactive fallout spread through the atmosphere, contaminating large parts of Russia and Europe. The damaged reactor was later enclosed in a concrete "sarcophagus," and a 30-kilometer exclusion zone is in effect to this day.

La plus grande catastrophe écologique de tous les temps eut lieu le 26 avril 1986, lorsqu'un réacteur expérimental de la centrale nucléaire de *Tchernobyl*, dans l'actuelle Ukraine (ancienne URSS), échappa au contrôle de ses techniciens. L'explosion très violente provoquée par la réaction nucléaire a été telle que les conséquences à long terme ne peuvent toujours pas être évaluées. Des éléments radioactifs invisibles ont en effet été libérés dans l'atmosphère, contaminant de vastes étendues de Russie et d'autres pays d'Europe. Depuis, le réacteur accidenté a été isolé par un épais sarcophage en béton, tandis qu'un périmètre de sécurité de 30 kilomètres de diamètre – respecté aujourd'hui – a été établi autour de la centrale.

Het was vermoedelijk de zwaarste milieuramp aller tijden, met lange termijngevolgen voor mens en milieu die zelfs vandaag nog niet volledig kunnen worden ingeschat. Op 26 april 1986 verloor men de controle over een testinstallatie en dit leidde tot een kernsmelting met enorme explosies in de kerncentrale van Chernobyl, in wat toen nog de Sovjet-Unie (nu Oekraïne) was. De onzichtbare radioactieve neerslag verspreidde zich via de atmosfeer en besmette daarbij grote delen van Rusland en Europa. De beschadigde reactor werd later voorzien van een betonnen "sarcofaag" en tot op vandaag geldt er rond de centrale een verboden zone van 30 km.

In această casă a locuit
intre anii 1431 – 1435
domnitorul Tării Romanesti
VLAD DRACUL
fiul lui
Mircea cel Bătrin.

This majestic fortress dating back to the second half of the fourteenth century sits high on a rock overlooking the village of Bran in the Carpathian Mountains. Since Romania opened its borders to Western tourists in the 1970s, Bran Castle has been gladly portrayed as the ancestral seat of Prince Vlad III Dracula, who was the model for the famous Transylvanian Vampire Count Dracula in the nineteenth-century novel by Bram Stoker. Although Vlad "the Impaler" never lived in this fortress, tourists enjoy an appropriately creepy atmosphere that includes blood-red carpets, howling wolves, empty coffins, and vampire cocktails.

Le Château de Bran, construit dans la seconde moitié du XIVe siècle, trône majestueusement sur un rocher en surplomb de la ville de Bran, dans les Carpates roumaines. Depuis que le pays a ouvert ses frontières au tourisme dans les années 1970, ce somptueux palais a été allègrement décrit comme la résidence du prince Dracula, vampire bien connu depuis que Bram Stoker, auteur irlandais, croqua ce personnage dans un roman du XIXe siècle. Bien qu'il soit établi que le prince Vlad n'ait jamais habité le mystérieux *Château de Bran*, les touristes apprécient de retrouver en ces lieux une atmosphère fidèle à la légende, recréée à l'aide de divers artifices : des fausses gouttes de sang aux hurlements de loups préenregistrés, en passant par les cercueils vides ou autres cocktails mortuaires...

Dit majestueuze fort uit de tweede helft van de veertiende eeuw is gelegen op een rots met uitzicht op het stadje Bran in de Karpatische bergen. Sinds Roemenië in de jaren '70 haar deuren opende voor Westerse toeristen, wordt het Kasteel van Bran graag geportretteerd als de voormalige residentie van Vlad III Dracula, een prins die model stond voor de gelijknamige Transsylvaanse vampier uit de negentiende-eeuwse roman van Bram Stoker. En hoewel Vlad "de Spietser" nooit in deze burcht woonde, genieten de toeristen van de geënsceneerde griezelatmosfeer, inclusief bloedrode tapijten, huilende wolven, lege doodskisten en vampiercocktails.

Dit is een foto, zoals
ik me zou wensen,
altijd zo te zijn.
Dan had ik nog wel
een kans. Om naar
Holywood te komen.
Annefrank.
10 Oct. 1942

(translation)
"This is a photo as I would wish
myself to look all the time. Then
I would maybe have a chance to
come to Hollywood."
      Anne Frank, 10 Oct. 1942

Once serving as Anne Frank's hiding place from the Nazis, in 1960 it became a museum dedicated to her memory. The house at Prinsengracht 263 in Amsterdam is a memorial to Anne Frank, a Jewish girl who died in the Bergen-Belsen concentration camp when she was fifteen. For two years, Anne Frank lived in the rear of this house, until her hiding place was betrayed. Here she wrote her world-famous diary, which made her a symbol of all the victims of the Holocaust. The museum shows personal details from her life, such as the marks on the wall where her father measured her growth.

C'est dans cette maison d'Amsterdam qu'Anne Frank, espérant échapper aux nazis, se cacha durant près de deux ans avec sa famille. Une tentative malheureusement vaine, puisque la jeune fille juive fut finalement envoyée dans un camp de concentration après avoir été dénoncée. Morte à quinze ans à Bergen-Belsen, Anne Frank a cependant écrit ici un journal, traduit dans le monde entier, qui a fait d'elle l'incarnation de toutes les victimes de la Shoah. Un musée a désormais remplacé la petite maison au Prinsengracht 263, révélant depuis 1960 de nombreux détails de la vie de la jeune fille ; on peut notamment y observer les traits de crayons laissés par son père sur le mur, traçant mois après mois sa courbe de croissance.

Het huis dat ooit dienst deed als de schuilplaats van Anne Frank voor de nazi's, werd in 1960 een museum, gewijd aan haar nagedachtenis. Het pand aan de Prinsengracht 263 in Amsterdam is een gedenkteken voor Anne Frank, een Joods meisje dat op vijftienjarige leeftijd stierf in het concentratiekamp van Bergen-Belsen. Gedurende twee jaar leefde ze hier in het achterhuis tot haar schuilplaats werd verraden. Hier schreef ze haar wereldberoemde dagboek, dat van haar een symbool zou maken voor alle slachtoffers van de Holocaust. Het museum toont persoonlijke details uit haar leven, zoals de merktekens op de muur waarmee haar vader haar lengte opmat.

HISTORY | HISTOIRE | GESCHIEDENIS

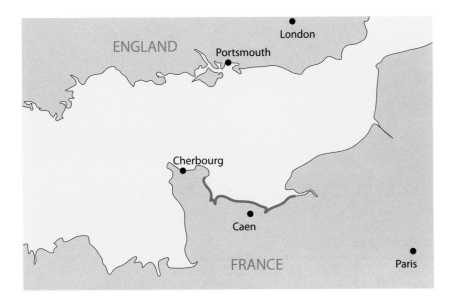

HISTORY | HISTOIRE | GESCHIEDENIS

The Allies in the Second World War had been preparing for "Operation Overlord" since 1942. In the early morning of June 6, 1944, known as "D-Day," about 13,000 aircraft and 5,000 ships supported the landing of 156,000 soldiers on five beaches in Normandy that were only weakly fortified by the Germans. The opening of a second front in the west and the subsequent liberation of France were significant factors in shortening World War II. Today, numerous bunkers, cemeteries, and monuments along the coast commemorate this fateful day.

Événement majeur de la Seconde Guerre mondiale, l'*Opération Overlord* avait été préparée par les alliées dès 1942. À l'aube du 6 juin 1944 (le "jour J"), quelque treize mille bateaux, cinq mille avions et cent cinquante-six mille soldats s'apprêtaient à participer au débarquement, répartis en cinq points de la côte normande. L'ouverture de cette zone faiblement défendue par l'occupant allemand a non seulement permis la création d'un second front au sein du conflit, mais, en accélérant la libération de la France, a très largement contribué également à écourter les hostilités. De nombreux bunkers et cimetières militaires répartis le long de la côte témoignent aujourd'hui de cette date hautement symbolique de l'histoire.

De geallieerden in de Tweede Wereldoorlog waren al sinds 1942 bezig met de voorbereiding van "Operation Overlord". In de vroege ochtend van 6 juni 1944, gekend als "D-Day", ondersteunden ongeveer 13.000 luchtvaartuigen en 5.000 schepen de landing van 156.000 soldaten op vijf Normandische stranden, die onvoldoende versterkt waren door de Duitsers. De opening van een tweede front in het westen en de daaropvolgende bevrijding van Frankrijk waren bepalende factoren voor het inkorten van Wereldoorlog II. Vandaag nog zijn talrijke bunkers, begraafplaatsen en monumenten langs de kust stille getuigen van deze beslissende dag.

A short distance off the Atlantic coast of Cape Town lies what was formerly South Africa's most infamous prison island. Robben Island became internationally known through the incarceration of anti-apartheid activist Nelson Mandela, who served eighteen of his 27 years behind bars in this high-security prison for political prisoners, along with other opposition members. But they couldn't break down his resistance against the racist regime of apartheid. Mandela was released in 1990 and, in 1993, received the Nobel Peace Prize. One year later, he was elected the first black president of South Africa. Since 1997, Robben Island has been a popular museum.

Nelson Mandela compte assurément parmi les plus célèbres détenus de *Robben Island*, cette prison d'Afrique du Sud construite sur un îlot au large de Cap Town. Incarcéré pendant vingt-sept années, le leader du mouvement anti-apartheid y a été maintenu dix-huit ans dans le quartier de haute sécurité réservé aux opposants politiques. Cette longue détention n'a cependant pas affecté la détermination de cet infaillible résistant dans la lutte contre l'apartheid. Libéré en 1990, Nelson Mandela a reçu le prix Nobel de la Paix trois ans plus tard, avant de devenir le premier président noir de l'Afrique du sud en 1994. Depuis 1997, la prison de *Robben Island* a été transformée en musée, dans lequel on peut visiter la cellule de l'illustre leader.

Op korte afstand van de Atlantische kust van Cape Town ligt Robbeneiland - ooit Zuid-Afrika's meest beruchte gevangeniseiland was. Deze beveiligde strafinrichting voor politieke gevangenen, werd internationaal bekend dankzij antiapartheidsactivist Nelson Mandela, die hier samen met andere oppositieleden 18 jaar van zijn 27 jaar gevangenschap uitzat. Toch konden ze zijn verzet tegen het racistische apartheidsregime niet breken. Mandela werd in 1990 vrijgelaten en in 1993 ontving hij de Nobelprijs voor de Vrede. Een jaar later werd hij verkozen tot eerste zwarte president van Zuid-Afrika. Sinds 1997 is Robbeneiland een populair museum.

From 1941 to the end of World War II, Auschwitz-Birkenau was the largest concentration camp of the Nazi era. Here, 1.3 million people, most of them Jews, became the victims of barbaric torture and murder. Those who weren't herded directly from trains into one of the five gas chambers died during their imprisonment from torture, cold, hunger, medical experiments by the infamous Dr. Josef Mengele, or subsequent execution. Today, the Auschwitz-Birkenau Memorial and Museum is a symbol of the entire Holocaust and a monument against forgetting.

Entre 1941 et la fin de la Seconde Guerre mondiale, 1,3 million de déportés environ – principalement des Juifs – ont souffert et sont morts dans le camp d'extermination nazi d'*Auschwitz Birkenau*. Ceux qui, à l'arrivée des trains, n'étaient pas fusillés ou immédiatement assassinés dans une des cinq chambres à gaz du centre, mourraient rapidement sous l'effet des mauvais traitements, du froid, de la faim ou des expériences médicales du Docteur Mengele. Un musée et un mémorial ont désormais investi les lieux en mémoire de toutes les victimes de la Shoah.

Van 1941 tot aan het einde van Wereldoorlog II was Auschwitz-Birkenau het grootste concentratiekamp van het nazitijdperk. Hier werden 1,3 miljoen mensen – vooral Joden - het slachtoffer van barbaarse folteringen en moord. Zij die niet direct van de treinen in de vijf gaskamers werden geleid, stierven tijdens hun gevangenschap ten gevolge van folteringen, koude, honger, medische experimenten door de beruchte Dr. Josef Mengele of executie. Vandaag is het Auschwitz-Birkenau Memorial and Museum een symbool van de hele Holocaust en een monument tegen de vergetelheid.

Only one slave house from 1776 still exists on the island of Gorée, near Dakar off the coast of Senegal. Today, it's a museum commemorating the millions of men, women, and children who for centuries were sold as slaves, and whose labor formed the foundation of the New World's prosperity up until the prohibition of slavery in 1865. Fifteen to twenty people waited—often for three months—in the small cells in the slave houses, their hands and feet bound with chains, until traders and buyers carried them off by ship to their new masters.

Construite en 1776 dans la baie de Dakar au Sénégal, la *Maison des Esclaves* abrite aujourd'hui un musée à la mémoire des esclaves victimes du commerce triangulaire. Durant plusieurs siècles en effet, ce sont des millions d'hommes, de femmes et d'enfants qui ont été déportés d'Afrique et vendus aux Amériques, posant ainsi les bases de la prospérité du Nouveau Monde. Détenus dans des conditions inhumaines avant d'être vendus, les esclaves étaient souvent enfermés par groupes de vingt, enchaînés les uns aux autres pendant des mois dans des cellules minuscules. L'abolition de l'esclavage, proclamée en France en 1865, a définitivement mis fin à la "Traite des Noirs".

Slechts één slavenhuis uit 1776 rest er nog op het eiland Gorée, dichtbij Dakar, aan de kust van Senegal. Vandaag is het een museum ter nagedachtenis van de miljoenen mannen, vrouwen en kinderen die eeuwenlang werden verkocht als slaven en wiens arbeid de basis legde voor de welvarendheid van de Nieuwe Wereld, tot aan de afschaffing van de slavernij in 1865. Vijftien tot twintig mensen wachtten – vaak drie maanden lang – in kleine cellen in de slavenhuizen, hun handen en voeten gebonden met kettingen, tot handelaars en kopers hen per boot wegbrachten naar hun nieuwe meesters.

Hiroshima, one of the few Japanese cities to escape bombing during World War II, experienced a true apocalypse on August 6, 1945. On the orders of then-President Harry Truman, an atom bomb was dropped on the city, killing 155,000 people instantly, while another 110,000 perished over the next few weeks from radiation poisoning. People are still dying of the effects today. A second bomb was dropped on Nagasaki on August 9, 1945, resulting in Japan's surrender a few days later, and the end of the Second World War.

Hiroshima était l'une des rares localités du Japon à n'avoir pas été bombardée durant la Seconde Guerre mondiale lorsque l'apocalypse s'abattit sur elle le 6 août 1945. Ce jour-là, le président des États-Unis, Harry S. Truman, ordonna le lancement sur la ville de la première bombe atomique opérationnelle de l'histoire. Bilan : cent cinquante-cinq mille morts immédiats, auxquels s'ajoutèrent cent dix mille autres victimes dans les semaines suivantes. Aujourd'hui encore, les effets néfastes liés aux radiations continuent de se manifester. Trois jours plus tard, le 9 août 1945, une seconde bombe atomique fut lancée sur Nagasaki, engendrant la capitulation du Japon et par voie de conséquence la fin de la Seconde Guerre mondiale.

Modit augiate d Hiroshima, een van de weinige Japanse steden die tijdens Wereldoorlog II aan de bombardementen wist te ontsnapten, beleefde een ware Apocalyps op 6 augustus 1945. Op bevel van Harry Truman, de toenmalige President van de Verenigde Staten, werd een atoombom op de stad gedropt, waarbij 155.000 mensen onmiddellijk werden gedood en nog eens 110.000 in de daaropvolgende weken overleden ten gevolge van stralingsvergiftiging. Vandaag sterven er nog altijd mensen aan de gevolgen van deze nucleaire aanval. Op 9 augustus 1945 werd een tweede bom gedropt op Nagasaki, wat enkele dagen later resulteerde in de overgave van Japan en het einde van de Tweede Wereldoorlog.

The Bridge on the River Kwai in Thailand was made world-famous by the 1954 novel of the same name by Pierre Boulle and the 1957 film by David Lean. The music featured in the film, The Colonel Bogey March, reached the top of the international hit parades. Both novel and film are based on the historical fact that the Japanese used prisoners of war and Asian slave laborers to build the bridge in 1942. Over 100,000 of these laborers died during the work on the railroad and bridge—which is why the bridge is also known as the Death Bridge. It was part of a rail line between Bangkok and Rangoon in Burma that was important for Japan, providing logistical support for the Japanese occupation of Burma during the Second World War.

Rendu célèbre par le roman de Pierre Boule, publié en 1954 et porté à l'écran trois ans plus tard par David Lean, le *Pont de la rivière Kwaï*, situé en Thaïlande, reste un lieu de commémoration pour de nombreux visiteurs. Le roman comme le film se fondent en effet sur une terrible vérité historique : la mort, en 1942, de plus de cent mille prisonniers de guerre britanniques et travailleurs forcés asiatiques, contraints par les Japonais de construire le "chemin de fer de la mort". Reliant Bangkok à Rangoon, cette voie était d'une importance stratégique durant la Seconde Guerre mondiale pour le ravitaillement des troupes japonaises qui occupaient la Birmanie. Idéalement choisi pour apaiser les mémoires, le thème musical du film, *The Colonel Bogey March*, s'est hissé au sommet du hit-parade dans de nombreux pays.

"The Bridge on the River Kwai" in Thailand werd wereldberoemd door de gelijknamige roman uit 1954 van Pierre Boulle en de film uit 1957 van David Lean. De muziek uit de film, de "Colonel Bogey March", haalde de top van de internationale hitlijsten. Zowel de roman als de film was gebaseerd op het historische feit dat de Japanners voor de bouw van de spoorlijn en de brug in 1942 krijgsgevangenen en Aziatische slaven gebruikten. Daarbij vonden meer dan 100.000 arbeiders de dood – vandaar dat de brug ook gekend is onder de naam "Dodenbrug". Ze maakte deel uit van een spoorlijn tussen Bangkok en Rangoon in Birma, die belangrijk was voor Japan omdat ze tijdens de Tweede Wereldoorlog logistieke steun bood voor de Japanse bezetting van Birma.

HISTORY | HISTOIRE | GESCHIEDENIS

Petra, capital of the Nabataean kingdom, was a central node of several caravan routes. Thanks to its hidden location in the valley of a craggy mountain range and its good water supply, the city became an important trading center in ancient times, and prospered as of the third century BC. It became less important in the third century AD after the caravan routes were moved to Palmyra. Petra's last inhabitants left in the year 663. Unique testaments to that time include multi-level burial chambers carved into the cliffs and a Roman theater and temple.

Capitale des Nabatéens, *Pétra* était aussi un carrefour incontournable pour de nombreuses routes de caravanes. Grâce à sa position particulière, à l'abri au fond d'une gorge, et à la présence d'une eau abondante, la cité jordanienne s'est imposée comme une place commerçante importante dans l'Antiquité. Si sa prospérité culmina au IIIe siècle av. J.-C, Pétra périclita au IIIe siècle de notre ère, suite à l'ouverture de la route de Palmyre, et on estime à l'an 663 le départ de ses derniers habitants. Témoins de son lumineux passé, un théâtre, un temple romain et des tombes à étages s'élèvent encore au cœur de la cité troglodytique.

Petra, de hoofdstad van het koninkrijk van de Nabateeërs, vormde een centraal knooppunt voor verschillende karavaanroutes. Dankzij haar verborgen locatie in de vallei van een onherbergzame bergketen en haar goede watervoorziening groeide de stad in de oudheid uit tot een belangrijk handelscentrum en werd ze heel welvarend vanaf de derde eeuw voor Christus. Ze boette in aan belang vanaf de derde eeuw na Christus, toen de karavaanroutes naar Palmyra trokken. De laatste bewoners van Petra verlieten de stad in het jaar 663. Tot de unieke getuigen van die tijd behoren meerlaagse grafkamers ingehouwen in de rotswanden, een Romeins theater en een tempel.

Xi'an is considered the cradle of Chinese culture. In 1974, local farmers accidentally discovered an enormous terracotta army while digging a well. According to estimates, over eight thousand statues guard the mausoleum of the first Chinese emperor, Qin Shi Huang, near Xi'an in central China. The clay figures, produced in realistic detail from 221 to 206 BC, represent soldiers, charioteers with horses, and generals, as well as clerks and musicians. Apparently the Emperor took along a model of his entire realm into the afterlife. There are plans to open the burial mound at a later date. No one knows what archaeological treasures will be revealed.

La ville de Xi'an, au centre de la Chine, est considérée comme le berceau de la civilisation chinoise. C'est là qu'en 1974, des paysans ont accidentellement découvert, alors qu'ils creusaient un puits, une armée en terre cuite constituée de huit mille statues de taille humaine. Identifiée comme la garde rapprochée du mausolée de Qin Shi Huang, premier empereur de Chine, l'*Armée de Xi'an* aurait été réalisée entre 221 et 206 av. J.-C. Ses figures de soldats, de chevaux, de généraux, de fonctionnaires et de musiciens transportent par leur réalisme et le souci du détail dont elles témoignent. Il semblerait que l'empereur, en mourant, ait souhaité emporter tout son empire avec lui ! Une grande partie du site, dont le mausolée proprement dit, situé sous un tumulus, n'a toujours pas été fouillée ; ce qui permet d'espérer la mise à jour de nombreux autres trésors archéologiques.

Xi'an wordt beschouwd als de bakermat van de Chinese cultuur. In 1974 ontdekten lokale boeren er per toeval een enorm terracottaleger terwijl ze een bron aan het uitgraven waren. Volgens schattingen bewaakten meer dan 8.000 beelden het mausoleum van de eerste Chinese keizer, Qin Shi Huang, nabij Xi'an in centraal China. De figuren in klei, tussen 221 en 206 voor Christus gemaakt met heel veel zin voor detail, stellen soldaten, wagenmenners met paarden en generaals voor, maar ook ambtenaren en musici. Blijkbaar nam de Keizer een schaalmodel van zijn hele rijk mee naar het hiernamaals. Er zijn plannen om ook de grafheuvel in de toekomst open te leggen. Wie weet welke archeologische schatten hierbij ontdekt zullen worden.

The most famous bridge spanning the Thames in London is the neo-gothic Tower Bridge designed by architect Horace Jones and completed in 1894. As the largest bascule bridge of its time, it was considered a technical marvel, serving to connect the economically prosperous East End with the rest of the city without cutting off the city harbor from ship traffic. Today, the road bridge is part of the London Inner Ring Road. At the approach of larger ships—which must give at least 24 hours written notice—street traffic stops and the two bascules are raised.

Le plus célèbre pont traversant le Thames à Londres fut inauguré en 1894. La *Tower Bridge*, œuvre néogothique de l'architecte Horace Jones, consacrait alors une véritable prouesse technologique, s'imposant tout simplement comme le plus grand pont basculant au monde. Sa vocation première consistait à relier le quartier d'East End en pleine expansion aux autres quartiers de la ville, sans perturber le trafic fluvial sur la Tamise. Aujourd'hui, la structure fait partie d'une grande artère périphérique qui contourne le centre ville. Et, lorsque de gros paquebots – ayant signalé leur arrivée vingt-quatre heures à l'avance – s'approchent du pont, tout trafic est interrompu sur la chaussée, qui se détache en deux portions qui se soulèvent.

De beroemdste brug over de Thames in Londen is de neogotische Tower Bridge, ontworpen door architect Horace Jones en voltooid in 1894. Als grootste basculebrug uit haar tijd werd ze beschouwd als een technisch wonder en moest ze het economisch welvarende East End verbinden met de rest van de stad zonder de stadshaven van het scheepsverkeer af te zonderen. Vandaag maakt deze voertuigbrug deel uit van de binnenring rond Londen. Wanneer grotere schepen aan komen varen – wat minstens 24 uur op voorhand schriftelijk moet worden aangekondigd – stopt het wegverkeer en gaan de twee bascules omhoog.

One of the original steam engines. The bridge raising mechanism was powered by pressurised water stored in six hydraulic accumulators. | Un des moteurs à vapeur originaux. Le méchanisme d'ouverture du pont fonctionnait par de l'eau sous pression, pompée dans six accumulateurs hydrauliques. | Een van de originele stoommachines. Het hefmechanisme van de brug werd aangedreven door drukwater opgeslagen in zes hydraulische accumulators.

For thousands of years, competitive sports have been our principal way of proving our physical prowess to each other. And to this day, our ability to use strength and dexterity to perform outstanding feats has lost none of its fascination, neither to the athletes nor to the audience. Whereas athletes in the days of Ancient Greece competed solely for victory and a wreath of laurel in Olympia, these days the winners often stand to gain enormous sums of money. Take, for example, cosmopolitan Monte Carlo, considered to be the cradle of modern racing ever since its conception of the legendary Rallye Monte Carlo in 1911. But that's not the only event that makes this part of the world the hub of Formula 1 racing in the eyes of its fans. The Monaco Grand Prix is famous for drawing the elite of motor sports to the narrow streets of Monaco to compete for one the great trophies in Formula 1 racing. Tennis fans, on the other hand, worship the "holy law" of Wimbledon, a suburb of London and the site for the world's oldest and most famous tennis cup every year. In a nutshell, today's sports is the kind of discipline that evokes dreams of fame in many young people—inspired by the achievements of their idols.

Depuis des millénaires, les Hommes ont l'habitude de se mesurer dans de grandes compétitions sportives. Ces manifestations de force et d'adresse n'ont rien perdu de leur fascination sur le public et sur les sportifs eux-mêmes. La principale différence réside sans doute dans la récompense attribuée au vainqueur : une simple couronne de lauriers pour les athlètes de l'Antiquité, des sommes d'argent considérables pour les vainqueurs des temps modernes. Tel est notamment le cas pour deux manifestations organisées dans le cadre mondain de la principauté de Monaco : le rallye de Monte Carlo (dont la première édition remonte à 1911) et le grand prix de Monaco (épreuve de Formule 1 qui a la particularité d'être courue dans les rues étroites de la ville). Quant aux fans de tennis, ils ne jurent que par le gazon de Wimbledon, un faubourg de Londres où est organisé chaque année le plus ancien et le plus prestigieux des tournois au monde, celui que tous les joueurs professionnels rêvent de remporter une fois dans leur vie. En réalité, le sport a conservé son aspect mythique ; il continue de faire rêver et de permettre aux jeunes de s'identifier à leurs idoles.

Al duizenden jaren zijn sportcompetities voor ons dé manier om onze fysieke bekwaamheid aan elkaar te tonen. En tot op vandaag heeft het vermogen om onze kracht en handigheid te gebruiken voor het leveren van unieke topprestaties nog altijd niets van zijn fascinatie verloren, noch voor de atleten, noch voor het publiek. Terwijl de atleten in het Oude Griekenland op Olympia enkel om de overwinning en een lauwerkrans streden, kunnen de winnaars vandaag vaak enorme geldsommen verdienen. Om dat te illustreren, hoeven we alleen maar eens een kijkje te gaan nemen in het mondaine Monte Carlo, dat sinds het ontstaan van de gelijknamige rally in 1911 als de bakermat van het moderne autoracen wordt beschouwd. Maar dit is niet het enige evenement dat dit deel van de wereld in de ogen van vele fans tot het autoracecentrum bij uitstek maakt. De Grote Prijs van Monaco haalt de elite van de motorsport naar de smalle straten van Monaco om er te racen voor een van de meest begeerde trofeeën binnen het Formule 1-circuit. Tennisfans van hun kant verafgoden het "heilige gras" van Wimbledon, een voorstad van Londen en elk jaar opnieuw het toneel voor 's werelds oudste en meest prestigieuze tennistoernooi. Kortom, sport roept vandaag bij vele jonge mensen wensdromen van roem en glorie op – geïnspireerd door de grootse prestaties van hun idolen.

SPORTS | SPORT | SPORT

Madison Square Garden in New York City is described as the world's most famous arena. And indeed it is. This is where world champions box, basketball stars make baskets, and the most famous singers and bands have held and still hold legendary concerts for audiences of about 20,000. Elton John alone has given 60 performances here. It has also hosted private affairs, such as John F. Kennedy's 1962 birthday celebration with Marilyn Monroe and Maria Callas. "The Garden" has even served as a movie set, as in "Godzilla" with Jean Reno, and "Die Hard" with Bruce Willis.

Le Madison Square Garden de New York est régulièrement décrit comme le palais des sports le plus prestigieux au monde. Et pour cause. Lieu de tous les événements de légende, il a accueilli indifféremment au cours de son histoire champions de boxe, stars du basket, et autres groupes de rock, venus s'y produire devant quelque vingt mille spectateurs. À titre d'exemple, Elton John y a donné à lui seul soixante concerts exceptionnels. Mais le *Madison Square Garden* a également su s'adapter pour recevoir des manifestations beaucoup plus intimistes, tel que l'anniversaire du président John F. Kennedy célébré en 1962, en présence de Marilyn Monroe et de Maria Callas. Consacrant sa notoriété, divers films – notamment *Godzilla*, avec Jean Reno et *Die Hard*, avec Bruce Willis – ont rendu hommage au "*Garden*" sur grand écran.

Madison Square Garden in New York City wordt wel eens omschreven als 's werelds beroemdste arena. En dat is ze ook. Dit is de plaats waar wereldkampioenen boksen, basketballsterren ongelooflijke korven scoren en de allerbekendste zangers en bands legendarische concerten voor ongeveer 20.000 toeschouwers gaven en nog steeds geven. Elton John alleen al gaf hier meer dan 60 performances. Hier werden ook privé-feestjes gehouden, zoals het 'verjaardagsfeestje' van John F. Kennedy in 1962 met Marilyn Monroe en Maria Callas. "The Garden" diende zelfs al als filmdecor, bijvoorbeeld in "Godzilla" met Jean Reno en in "Die Hard" met Bruce Willis.

Muhammad Ali and Joe Frazier in the 12th round of their first bout, Jan. 28, 1974. | Muhammad Ali et Joe Frazier dans la 12ème manche de leur première rencontre, le 28 janvier 1974. | Muhammad Ali en Joe Frazier in de 12de ronde van hun eerste kamp, 28 januari 1974.

The current version of "The Garden" became home of the NBA team New York Knicks in 1968. | La version actuelle du "*Garden*" est devenue le domicile de l'équipe de NBA New York Knicks en 1968. | De huidige versie van "The Garden" werd de thuisbasis van het NBA team van de New York Knicks in 1968.

Michael Jackson's "30th Anniversary Celebration, The Solo Years" concert in 2001. | Au concert "30th Anniversary Celebration, The Solo Years" de Michael Jackson en 2001. | Michael Jackson's "30th Anniversary Celebration, The Solo Years" concert in 2001.

Britain's Isle of Man in the Irish Sea is actually a contemplative island, but for two weeks a year, it's anything but. The Tourist Trophy, the oldest and most exciting motorcycle race in the world, has been drawing thousands of motorcycle fans to the island since 1907. The roughly 60-kilometer-long circuit runs over normal roads—blocked off for the race—alongside buildings, walls, and hedgerows, over knolls and through curves. The event regularly claims lives, especially when the circuit is opened up for amateurs after the race.

La paisible *Île de Man*, dans la mer d'Irlande, abandonne sa torpeur deux semaines par an, lors de son célèbre "*Tourist Trophy*". Cette course de motos, dont la première édition remonte à 1907, est la plus vieille au monde, et probablement aussi la plus excitante. Chaque année, elle attire des milliers de motards venus affronter les soixante kilomètres d'un circuit millimétré. Empruntant les routes normales fermées pour l'occasion à la circulation, la piste amène en effet les coureurs à effleurer les murs et les haies des maisons, et à franchir les nombreuses collines à coups de virages serrés. Chaque année, l'événement fait son lot de victimes, en particulier lorsque les routes s'ouvrent, après la course, aux amateurs...

Het Britse eiland Man in de Ierse Zee is normaal gezien een plek voor contemplatie, maar gedurende twee weken per jaar is het allesbehalve dat. De Tourist Trophy, de oudste en meest opwindende motorrace ter wereld, lokt al sinds 1907 duizenden motorfietsfanaten naar het eiland. Het grofweg 60 kilometer lange circuit loopt over normale wegen, die voor de duur van de race afgesloten worden, langs gebouwen, muren en hagen, over heuveltjes en door bochten. Het gebeuren eist regelmatig levens, vooral wanneer het circuit na de race wordt opengesteld voor amateurs.

The most famous lawn in the world grows on the outskirts of London. Every year since 1877, the stars of international tennis have competed on the Wimbledon Centre Court for fame and glory. In the Grand Slam tournament series, Wimbledon is the only venue where contestants still play on grass courts, and players are required to dress in white. To win the world's oldest tennis tournament on the "sacred grass" is the highest achievement to which a tennis player can aspire. Here, Martina Navratilova triumphed nine times, Roger Federer and Björn Borg each won five consecutive tournaments, and 15-year-old Martina Hingis became the youngest Wimbledon winner ever.

La plus célèbre pelouse du monde se trouve très certainement dans la banlieue de Londres. En effet, tous les ans depuis 1877, le court central de *Wimbledon* accueille les Internationaux d'Angleterre, le plus ancien – et assurément le plus célèbre – tournoi de tennis de tous les temps. Parmi les championnats du Grand Chelem, il est le seul où les joueurs se doivent d'être habillés en blanc pour pénétrer sur le gazon. Remporter *Wimbledon*, en outre, est le rêve de tout joueur professionnel. Ainsi, Martina Navratilova y a triomphé neuf fois, et Roger Federer et Björn Borg l'ont dominé cinq fois de suite. Martina Hingis s'est quant à elle emparée d'un autre record sur le célèbre gazon, en remportant le tournoi à tout juste quinze ans.

De beroemdste grasmat ter wereld groeit in de periferie van Londen. Elk jaar sinds 1877 bekampen de sterren van het internationale tennis elkaar op Wimbledon Centre Court voor de eer en de bijbehorende centen. In de Grand Slam-toernooienreeks is Wimbledon het enige waar de deelnemers nog steeds op gras spelen en in het wit gekleed moeten zijn. Het oudste tennistoernooi ter wereld winnen op het "heilige gras" van Wimbledon, is de hoogste verwezenlijking waarvan een tennisspeler kan dromen. Hier triomfeerde Martina Navratilova negen keer, wonnen Roger Federer en Björn Borg elk vijf maal op een rij en werd Martina Hingis op haar vijftiende de jongste Wimbledonwinnares ooit.

Bjorn Borg on his knees after defeating Jimmy Connors, July 8, 1978, winning Wimbledon for the third consecutive year. | Bjorn Borg à genoux après avoir battu Jimmy Connors, le 8 juillet 1978, remportant Wimbledon pour la troisième année consécutive. | Bjorn Borg op zijn knieën na Jimmy Connors te hebben verslagen op 8 juli 1978, waardoor hij Wimbledon voor het derde opeenvolgende jaar won.

High fashion and elegance – especially with woman's spectacular hats – are a must during the event. | La haute couture et l'élegance – surtout avec les spectaculaires chapeaux des femmes – sont le must au cours de cet évènement. | Grote chic en elegantie – met vooral spectaculaire dameshoeden – zijn een absolute must bij dit event.

The Ascot Racecourse in Ascot, England is home to the Royal Ascot, a traditional five-day horse race famous for extravagant women's hats and fast horses. The race has been a major sporting and social event in high society since 1711. To this day, the Royal Family continues to attend, entering in a procession of carriages each race day. Luxuries ranging from champagne to lobster are standard, and the 300,000 guests are held to a strict dress code. Men may attend the event only in black or gray morning dress and top hat, and a dress and hat are de rigueur for women.

Organisées tous les ans en Angleterre, les *Courses d'Ascot* sont aussi réputées pour les exploits des pur-sang qui investissent le champ de course que pour les chapeaux extravagants exhibés par les dames venues y assister ! Événement clé de la vie mondaine britannique depuis 1711, ces cinq jours de festivi-tés sont placés sous le haut patronage de la famille royale, présente quotidiennement pour annoncer l'ouverture de l'hippodrome, et sous le signe du luxe. Car lorsque vient l'heure de perpétuer cette ancienne tradition, le champagne coule à flots, et le homard monopolise les buffets. Les trois cent mille invités doi-vent également respecter un code vestimentaire strict pour accéder au champ de courses : haut-de-forme et redingote noire ou grise pour les hommes, robe et chapeau pour les femmes !

Ascot Racecourse in Ascot, Engeland, is de setting voor Royal Ascot, een traditioneel, vijf dagen durend race-evenement dat wereldberoemd is voor zijn ex-travagante hoofdtooien en snelle paarden. De race is al sinds 1711 een belangrijk sportevenement en sociaal gebeuren binnen de high society. De Ko-ninklijke Familie tekent elk jaar present, en arriveert elke dag van de race in een stoet van koetsen. Luxe gaande van champagne tot kreeft is standaard en de 300.000 gasten zijn aan een strikte kledingcode ge-bonden: heren mogen alleen binnen in zwart of grijs jacquetkostuum met bolhoed en voor dames zijn jurk en hoed absoluut verplicht.

The narrow, tight-cornered streets of Monte Carlo have served as a racetrack in the Grand Prix of Monaco since 1929. Starting in 1950 and on a regular basis since 1955, the Grand Prix has been part of the Formula One World Championship. Along with Le Mans and the Indianapolis 500, it's one of the most famous auto races in the world. With six victories, Ayrton Senna holds the record for the most wins, and Michael Schumacher holds the record for fastest laps with a time of 1:14.349. Nelson Piquet (World Champion in 1983) once said that driving in the Monaco Grand Prix "is like flying a helicopter through your living room."

Pour la première fois en 1929, une course automobile est organisée dans les rues sinueuses de la principauté de Monaco. Devenu depuis un événement majeur du sport automobile aux côtés des 24 heures du Mans et de la course d'Indianapolis, le *Grand Prix de Monaco* a définitivement rejoint le championnat du monde de Formule 1 en 1955. Si Ayrton Senna l'a remporté six fois, c'est Michael Schumacher qui détient le record du tour, en seulement 1'14.349. Nelson Piquet, vainqueur en 1983, décrit ainsi la course de la Principauté : "Courir en Formule 1 à Monaco, c'est comme voler en hélicoptère dans une salle à manger".

De smalle kronkelende wegen van Monte Carlo doen al sinds 1929 dienst als racecircuit in de Grote Prijs van Monaco. Voor een eerste keer in 1950 en op permanente basis sinds 1955 maakt de Grote Prijs deel uit van het Formule I-Wereldkampioenschap. Samen met Le Mans en de Indianapolis 500 is het een van de beroemdste autoraces ter wereld. Met zes overwinningen bezit Ayrton Senna het record voor de meeste overwinningen en Michael Schumacher heeft het record voor de snelste ronde ooit met een tijd van 1:14.349. Nelson Piquet (Wereldkampioen in 1983) zei ooit dat rijden in de Grote Prijs van Monaco zoiets is "als met een helikopter door de woonkamer vliegen".

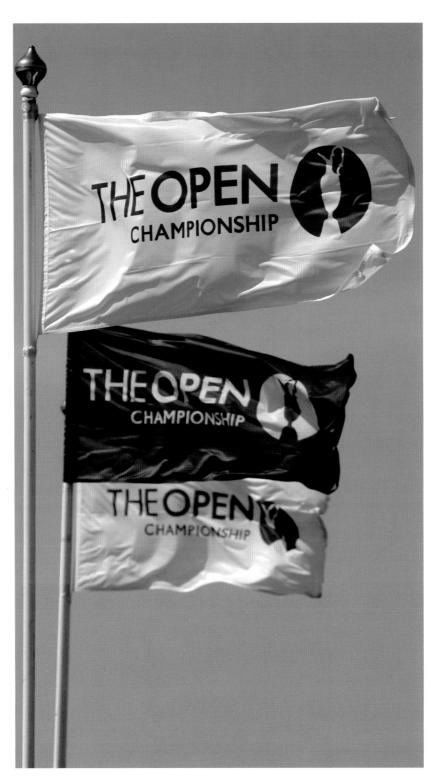

The modern game of golf has Scottish roots, so it's no wonder that the world's oldest golf course is located in St. Andrews, Scotland. No one knows exactly how long the game has been played on the Old Course of the Royal and Ancient Golf Club of St. Andrews, but it's probably been since the mid-sixteenth century. The club was founded in 1754 and was given its current name in 1834. Due to its historic significance, the course is hopelessly booked up, with over forty thousand rounds per year. Nor is it an easy course to play, which is why players should definitely seek the aid of a caddy familiar with its ins and outs.

Le golf ayant été inventé en Écosse, rien d'étonnant à ce que le plus ancien parcours au monde se trouve à St. Andrews, sur la côte est de l'île. Nul ne sait avec précision la date à laquelle une première personne a exercé son swing sur le très prisé *Royal and Ancient Golf Club of St. Andrews*, mais les estimations s'accordent sur le milieu du XVIe siècle. Fondé sous un autre nom en 1754, le club a été rebaptisé en 1834. Plus de quarante mille parties sont jouées chaque année sur ce parcours historique, dont le planning est systématiquement complet malgré une grande difficulté technique ; ceux qui l'empruntent pour la première fois sont invités à s'offrir les services d'un caddy pour explorer les lieux.

Het moderne golfspel heeft Schotse roots, geen wonder dus dat 's werelds oudste golfbaan in St. Andrews, Schotland, ligt. Niemand weet precies hoelang het spel al wordt gespeeld op de "Old Course of the Royal and Ancient Golf Club of St. Andrews", maar vermoedelijk is dat al vanaf het midden van de zestiende eeuw. De club werd opgericht in 1754 en kreeg haar huidige naam in 1834. Door haar historisch belang is de baan hopeloos volgeboekt, met meer dan 40.000 golfrondes per jaar. Het is evenmin een makkelijke baan. Daarom kunnen spelers maar best een beroep doen op een caddy die de kneepjes van de baan kent.

SPORTS | SPORT | SPORT | SPORT | SPORT

SPORTS | SPORT | SPORT

Striking fear into the hearts of even the best professional skiers, the Streif in the Kitzbühel Alps of Austria is the most difficult and toughest ski run in the world. In the Hahnenkamm Race, skiers start at an altitude of 1,665 meters. After a descent of 3,312 meters and a change in altitude of 860 meters, the fastest arrive at the finish line in under two minutes. The steepest section, called the Mausefalle (Mouse Trap), has an 85-percent gradient. The skier must be able to master jumps of up to 60 meters and speeds of 140 kilometers per hour.

Même les skieurs professionnels craignent la *Descente de Kitzbühel*, en Autriche, qui passe pour être la plus difficile au monde. Lors de la fameuse *Hahnenkamm Race*, les sportifs s'élancent à toute allure à une altitude de 1665 mètres, pour franchir, 860 mètres plus bas et après une course de 3312 mètres, la ligne d'arrivée. Les plus rapides d'entre eux mettent moins de deux minutes pour accomplir l'exploit, maîtrisant parfaitement des bonds d'une soixantaine de mètres et une vitesse avoisinant les cent quarante km/h ! La partie la plus raide de la piste présente un dénivelé de 85%, et s'est vu baptisée de l'affectueux surnom de "piège à souris"...

De Streif in de Oostenrijkse Alpen nabij Kitzbühel is de moeilijkste en zwaarste skipiste ter wereld – ze jaagt zelfs de beste professionele skiërs schrik aan. In de Hahnenkamm Race starten skiërs op een hoogte van 1.665 meter. Na een afdaling van 3.312 meter met een hoogteoverbrugging van 860 meter arriveren de snelste onder hen in minder dan twee minuten aan de finishlijn. Het steilste stuk, de 'Mausefalle' (Muizenval) genoemd, heeft een hellingspercentage van 85%. De skiër moet sprongen van wel 60 meter kunnen maken en snelheden van 140 kilometer per uur aankunnen.

Marco Büchel after his win of the World Cup Super-G at Kitzbühel. | Marco Büchel après sa victoire du Super-G lors de la Coupe du Monde à Kitzbühel. | Marco Büchel na het winnen van de World Cup Super-G in Kitzbühel.

Since 1923, auto racing teams competing in France's "24 Hours of Le Mans" endurance race have attempted to complete as many laps as possible around the over 14-kilometer-long Circuit de la Sarthe. The legendary "Le Mans start," which required that drivers run to their parked cars and start them from a standstill, was replaced in 1971 by the "rolling start." The worst accident in sports car racing history occurred in 1955 when a collision on the track caused car parts to fly into the stands, killing 84 people.

Depuis leur première édition en 1923, les *24 heures du Mans* constituent une course hors du commun. Ici, l'objectif est de faire en vingt-quatre heures le plus de tours possibles du circuit de la Sarthe, long de 14 kilomètres. Le départ style "Le Mans" – les pilotes s'élançant en courant sur la piste pour rejoindre leurs voitures et attaquer la course –, devenu légendaire, appartient aujourd'hui au passé. Il a été remplacé en 1971 par un départ lancé. C'est également sur ce circuit que s'est produit en 1955 le plus grave accident du sport automobile, lorsque des débris de voitures accidentées ont été projetés dans les tribunes, tuant sur le coup quatre-vingt-quatre personnes.

Al van in 1923 proberen autoraceteams die meedoen aan de uithoudingsrally de "24 Uur van Le Mans" in Frankrijk zoveel mogelijk rondes te rijden over het 14 kilometer lange "Circuit de la Sarthe". De legendarische "Le Mans start", waarbij deelnemers naar hun geparkeerde wagens moesten rennen en vanuit stilstand moesten vertrekken, werd in 1971 vervangen door een zogenaamde "vliegende start". Het ergste ongeval uit de geschiedenis van het autoracen gebeurde in 1955, toen auto-onderdelen bij een aanrijding op de baan in de publieke tribunes vlogen en 84 mensen gedood werden.

The modern Olympic Games date back to the ancient competitions in Olympia, a sanctuary site of Zeus and Hera in the western Greek countryside of the Elis district on the Peloponnesos. Here stood temples to both deities, as well as a stadium and other competitive venues where games were held from as early as 776 BC up until 393 AD. These games were religious festivals that included both athletic and musical competitions. The modern Summer Olympics have taken place every four years since 1896 and the Winter Olympics since 1924, serving as symbols of international understanding.

Héritiers directs des jeux *d'Olympie*, les Jeux olympiques modernes perpétuent une ancienne compétition sportive qui se déroulait à l'Antiquité, entre 776 av. J.-C. et 393 de notre ère. Sur la *Plaine de l'Élide*, à l'ouest du Péloponnèse, diverses infrastructures sportives avaient été installées à cette époque autour d'un imposant sanctuaire dédié à Zeus et à Héra. Là, autour des temples sacrés, de nombreux championnats étaient organisés lors de festivités à vocation spirituelle, complétées par des concours de musique. Renouvelés tous les quatre ans en commémoration de l'amitié entre les peuples, les Jeux olympiques d'été ont été rétablis dès 1896, rejoints bientôt par les Jeux olympiques d'hiver, en 1924.

De moderne Olympische Spelen hebben hun wortels in wedstrijden uit de antieke oudheid die plaatsvonden op Olympia, het oude heiligdom van Zeus en Hera in het westelijke Griekse heuvelland van Elis op de Peloponnesos. Hier stonden tempels ter ere van beide goden evenals een stadion en andere sportsites waar van 776 voor tot 393 na Christus Spelen werden gehouden. Deze Spelen waren religieuze festivals met zowel atletiekwedstrijden als muzikale competities. De moderne Olympische Zomerspelen vinden sinds 1896 elke vier jaar plaats (de Winterspelen sinds 1924) en staan symbool voor internationale verdraagzaamheid.

Maranello, a small town in the Emilia-Romagna region of Italy, is the birthplace of an automobile legend. This is where Enzo Ferrari founded his Ferrari factory in 1943, and transformed the Scuderia Ferrari racing team he established in 1929 into the most successful Formula One team of all time. Enzo Ferrari had himself been a racing driver and, up until 1939, leader of the Alfa Romeo team, but in 1943 he began to build his own sophisticated sports cars. Since then, the team with the legendary red car has produced fifteen Formula One World Champions and has won the Constructor's World Championship sixteen times.

Maranello, petite ville d'Émilie-Romagne en Italie, est entrée dans la légende. C'est en effet là qu'Enzo Ferrari a installé en 1943 le siège de l'usine Ferrari, et qu'il a fondée en 1929 la *Scuderia*, vouée à devenir l'écurie de Formule 1 la plus prestigieuse au monde. Tout d'abord pilote de course, puis directeur de l'équipe Alfa Romeo, Enzo Ferrari a commencé à construire des voitures de sport en 1943. Ses célèbres bolides rouges ont conduit quinze pilotes au titre de champion du monde de Formule 1, tandis que l'écurie Ferrari a remporté le titre de meilleur constructeur à seize reprises.

Maranello, een klein stadje in de regio Emilia-Romagna in Italië, is de geboorteplaats van een automobiellegende. Hier richtte Enzo Ferrari in 1973 zijn Ferrarifabriek op en maakte hij van het Scuderia Ferrari-racingteam, dat hij in 1929 oprichtte, het meest succesvolle Formule I-team aller tijden. Enzo Ferrari was zelf een autocoureur en tot 1939 leider van het Alfa Romeo-team, maar in 1943 begon hij aan de bouw van zijn eigen gesofistikeerde sportwagen. Sinds die tijd heeft de legendarische rode wagen vijftien Formule I-wereldkampioenen voortgebracht en won Ferrari zestien keer het Wereldkampioenschap voor Constructeurs.

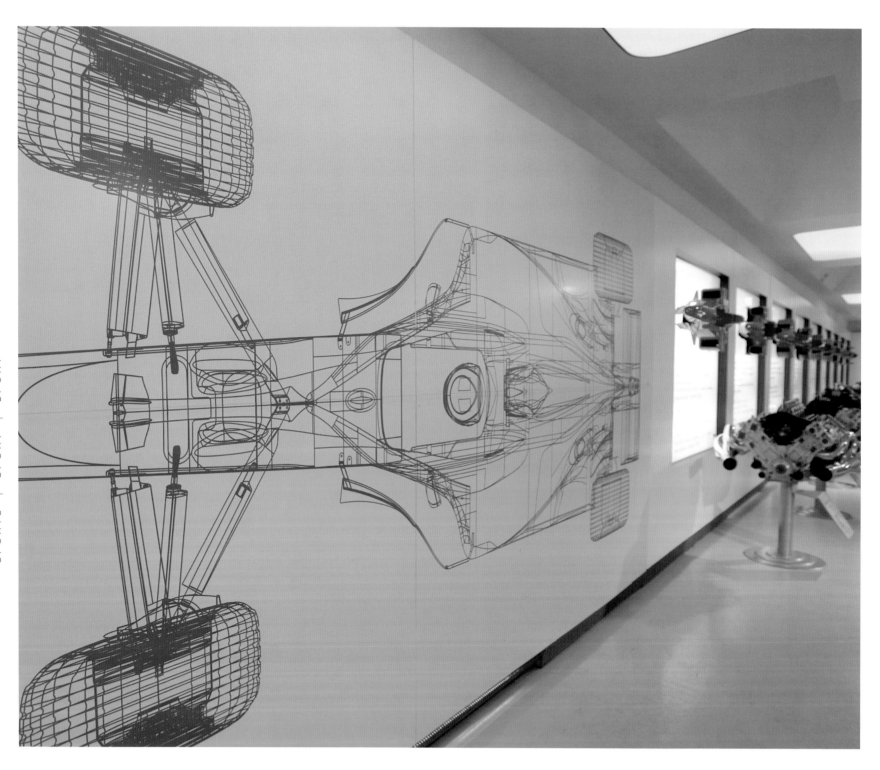

1963 - Ferrari 250 Le Mans - V12 3285 cc.

1966 - Ferrari 275 GTB/4 - V12 3285 cc.

People often refer to them as marvels of nature: extreme massifs like Mount Everest in the Himalayas, tropical landscapes like the Everglades in Florida, gigantic waterfalls like Victoria Falls in Africa or the vast living coral islands of the Great Barrier Reef off Australia's east coast. Over the course of millions of years, nature created "works of art" that leave their viewers humble with sheer awe. But then, they also awaken their viewers' curiosity and zeal for research. While the variegated underwater world of the Great Barrier Reef has always spelled paradise for divers, Sir Edmund Hillary and Tensing Norgay became the first climbers in 1953 to reach the summit of Mount Everest, the world's highest mountain at 8.999 meters. In 1978, Reinhold Messner and Peter Habeler followed in their footsteps, the first climbers to reach the summit without the aid of oxygen supplies. Of course, you don't always have rise to the challenges nature has to offer. There's also a sense of magic in purely witnessing the kind of wonders made possible only by nature. Anybody who has ever seen the way the sunlight interacts with Ayers rock in Australia is unlikely to ever forget that spectacular scene.

L'imposant massif de l'Everest dans l'Himalaya, les marais tropicaux des Everglades en Floride, les gigantesques chutes Victoria en Afrique australe et la Grande Barrière de Corail qui s'étire le long des côtes australiennes sont autant de sites considérés comme des merveilles de la nature. Ces chefs-d'œuvre façonnés au cours des millénaires suscitent non seulement l'émerveillement et le respect, mais aussi la curiosité et l'envie de les explorer. C'est ainsi que la Grande Barrière attire de nombreux plongeurs, tandis que l'Everest — le "toit du monde", qui culmine à 8848 mètres d'altitude — n'a été conquis qu'en 1953 par Edmund Hillary et Tenzing Norgay, suivis en 1978 par Reinhold Messner et Peter Habeler, qui furent les premiers à atteindre le sommet sans masque à oxygène. Mais les merveilles de la nature ne sont nullement réservées aux amateurs de sensations extrêmes. C'est ainsi qu'un coucher de soleil sur l'Ayers Rock, monolithe géant qui se dresse au beau milieu de la savane australienne, est un spectacle dont la magie continue de fasciner tous ceux qui ont le bonheur de pouvoir l'apprécier.

Mensen verwijzen vaak naar de wonderen der natuur: uitzonderlijke massieven zoals de Mount Everest in de Himalaya, tropische landschappen zoals de Everglades in Florida, gigantische watervallen zoals Victoria Falls in Afrika of de enorm uitgestrekte levende koraaleilanden van het Great Barrier Reef voor de oostkust van Australië. In de loop van miljoenen jaren heeft de natuur "meesterwerken" gecreëerd en al wie het geluk heeft ze te mogen zien, kan alleen maar in stil en puur ontzag genieten. Toch wekken ze soms ook nieuwsgierigheid op en de zin om op onderzoek uit te trekken. Terwijl de rijke onderwaterwereld van het Grote Barrièrerif altijd al een paradijs voor duikers was, werden Sir Edmund Hillary en Tensing Norgay de eerste bergbeklimmers die in 1953 de top van de Mount Everest bereikten, met 8.848 meter 's werelds hoogste berg. In 1978 volgden Reinhold Messner en Peter Habeler in hun voetsporen om de eerste bergbeklimmers te worden die de top bereikten zonder de hulp van zuurstofflessen. Natuurlijk hoef je niet altijd in te gaan op de uitdagingen die de natuur ons te bieden heeft. Gewoon kijken naar de wonderen die de natuur mogelijk maakt, is vaak al magie genoeg. Iedereen die ooit eens het virtuoze samenspel tussen het zonlicht en Ayers Rock in Australië heeft mogen aanschouwen, zal dit volmondig beamen.

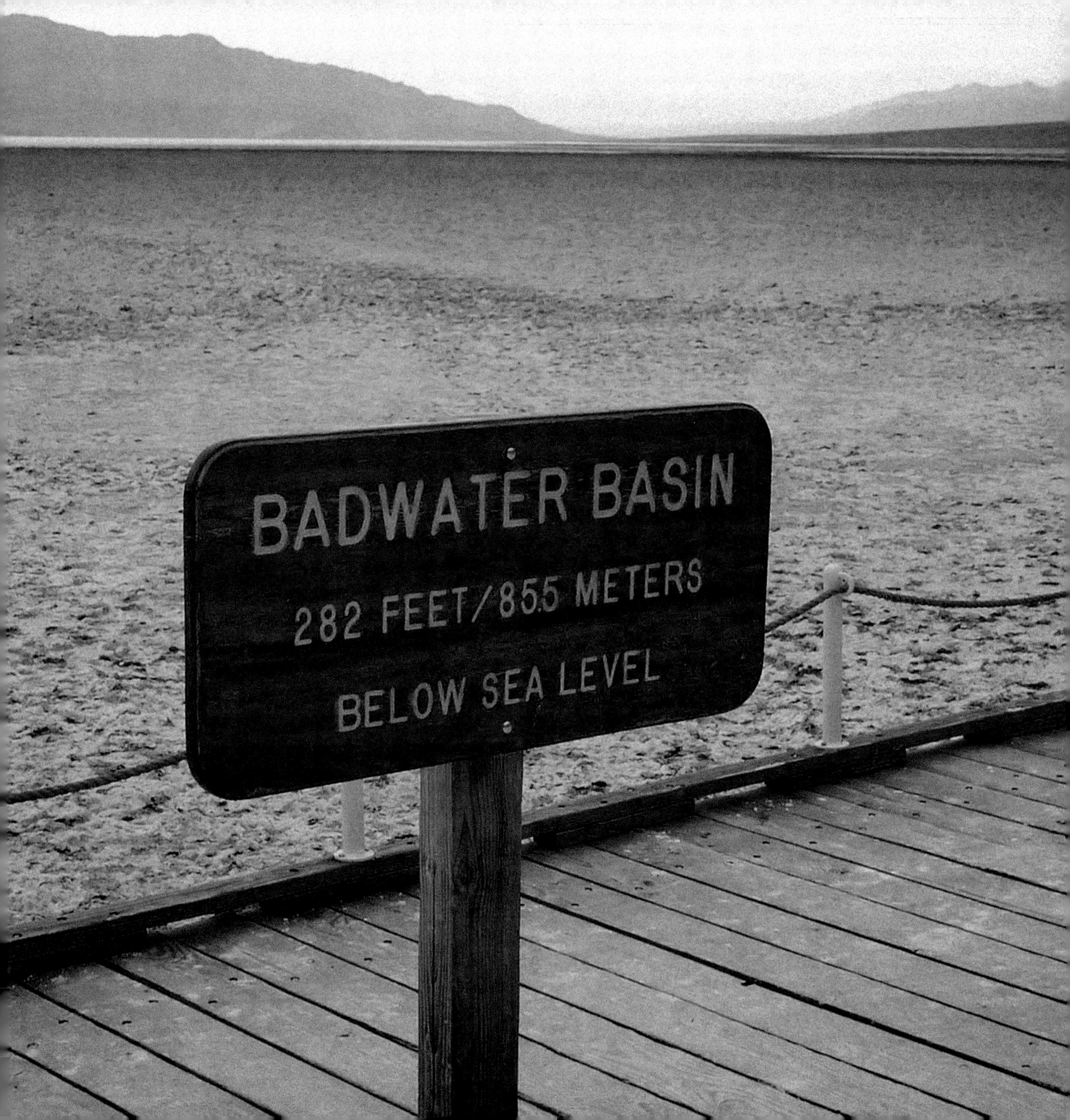
BADWATER BASIN
282 FEET/85.5 METERS
BELOW SEA LEVEL

NATURE | NATURE | NATUUR

An ascent of Mount Everest is the crowning achievement in the career of any mountain climber. Located in the Himalayan border region between Nepal and Tibet, Mount Everest is the highest mountain on earth at 8,848 meters. It bears the name of Sir George Everest, the first man to calculate its precise elevation. The first successful ascent was by New Zealand mountaineer Sir Edmund P. Hillary and his Sherpa Shri Tenzing Norgay on May 29, 1953. Reinhold Messner caused quite a stir on May 8, 1978, when he and Peter Habeler became the first to conquer the mountain without additional oxygen. Since Hillary, more than four thousand people have stood on its summit.

L'ascension du *mont Everest* est le point d'orgue d'une carrière pour tout alpiniste. Culminant à 8848 mètres dans la région frontalière de l'Himalaya, entre le Népal et le Tibet, c'est le plus haut sommet du globe. Son nom lui vient du célèbre géomètre britannique, Sir George Everest, qui fut le premier à déterminer précisément son altitude. Réalisée le 29 mai 1953, la première ascension de l'*Everest* est le fait de l'alpiniste néo-zélandais Sir Edmund P. Hillary et de son sherpa, Shri Tenzing Norgay. En 1978, Reinhold Messner et son coéquipier Peter Habeler ont fait sensation en étant les premiers à atteindre le "toit du monde" sans bouteilles d'oxygène. À ce jour, plus de quatre mille personnes ont réalisé l'ascension de cette montagne mythique.

De beklimming van de Mount Everest is de bekroning in de carrière van elke bergbeklimmer. Gelegen in het Himalayagebergte in de grensstreek tussen Nepal en Tibet, is de Mount Everest met zijn 8.848 meter de hoogste berg ter wereld. Hij draagt de naam van Sir George Everest, de eerste man die zijn precieze hoogte berekende. De eerste succesvolle beklimming staat op naam van de Nieuw-Zeelandse bergbeklimmer Sir Edmund P. Hillary en zijn sherpa Shri Tenzing Norgay op 29 mei 1953. Reinhold Messner veroorzaakte een hele rel op 8 mei 1978 toen hij en Peter Habeler als eersten de berg wisten te overwinnen zonder extra zuurstof. Sinds Hillary hebben al meer dan 4.000 mensen op de top gestaan.

Edmund Hillary and Tenzing Norgay in July 1953 after their conquest of the Mount, surround Colonel John Hunt, leader of their British Everst Team. |
Edmund Hillary et Tenzing Norgay en juillet 1953 après leur conquête du Mont, entourent le colonel John Hunt, leader de l'équipe anglaise. |
Edmund Hillary en Tenzing Norgay scharen zich in juli 1953, na het overwinnen van de berg, rond Kolonel John Hunt, de leider van het Britse Everstteam.

The heat and aridity of Death Valley in California are legendary: with temperatures often climbing to 56 degrees Celsius, it's the hottest and driest valley in the U.S., and at 85.5 meters below sea level, it's also the lowest. Moist winds from the Pacific release rain onto the mountain ranges before they can reach the valley. White salt flats in Badwater Basin attest to an earlier presence of water. From a height of 1,669 meters, Dante's View offers an impressive vista over the main valley in what is now an approximately 225-kilometer-long National Park.

La chaleur et l'aridité de la *Vallée de la Mort* en Californie sont légendaires. Avec des températures dépassant régulièrement les 56°c, ce lieu d'exception est le plus chaud et le plus sec des États-Unis, mais également l'endroit le plus profond du continent, descendant jusqu' à 85,50 mètres au-dessous du niveau de la mer. Les vents humides venus du Pacifique maintiennent les nuages au sommet des montagnes voisines, sur lesquelles ils déversent leurs pluies avant d'atteindre la vallée. Les couches de sel du Badwater Basin témoignent pourtant du fait que la zone fut un jour irriguée. Dante's View, un fabuleux panorama situé à 1669 mètres d'altitude, offre une vue impressionnante sur cette vallée longue d'environ 225 kilomètres, aujourd'hui transformée en parc national.

De hitte en droogte in Death Valley in California zijn legendarisch: met temperaturen die vaak uitstijgen tot 56 graden Celsius is dit het heetste en droogste dal in de VS en met zijn 85,5 meter onder zeeniveau ook het laagste. De vochtige winden vanuit de Grote Oceaan verliezen hun regen boven de bergtoppen nog voor ze de vallei kunnen bereiken. Witte zoutvlaktes in het Badwater bekken wijzen wel op de eerdere aanwezigheid van water. Van op een hoogte van 1.669 meter biedt Dante's View een indrukwekkend uitzicht over de hoofdvallei in wat nu een ongeveer 225 kilometer lang Nationaal Park is.

NATURE | NATURE | NATUUR | NATURE | NATUUR

In 709 AD, the Archangel Michael appeared to the bishop of Avranches and instructed him to build a chapel. Over centuries since that time, today's Benedictine abbey was built on Mont-Saint-Michel, despite the tides of the English Channel and the streams of pilgrims and tourists. This unique blend of nature and architecture hovers like a mirage over the Normandy coast. At one time, it could only be reached during low tide or by boat, but since 1877 there has been a causeway between the island and the mainland. A large-scale government project is set to remove the accumulated silt from the bay so that Mont-Saint-Michel may again be—and remain—a real island.

En l'an de grâce 709, l'archange Saint Michel est apparu à l'abbé d'Avranches, lui ordonnant de construire une chapelle sur un îlot de la baie. Bien des siècles plus tard, l'abbaye bénédictine s'est étendue sur le *Mont Saint-Michel*, bravant les tempêtes, mais surtout les flots de visiteurs, touristes et pèlerins. Ce site exceptionnel, au sein duquel l'architecture épouse parfaitement la nature, apparaît tel un mirage au large de la côte normande. Accessible uniquement à marée basse ou par bateau avant 1877, l'îlot est désormais relié au continent par une digue. Aujourd'hui, un projet de grande envergure est à l'étude pour remédier à l'ensablement progressif de la baie et préserver aussi longtemps que possible le caractère insulaire de ce théâtre unique au monde.

In het jaar 709 na Christus verscheen aartsengel Michaël aan de bisschop van Avranches met de opdracht een kapel te bouwen. Al die eeuwen trotseert wat nu een Benedictijnenabdij is op Mont-Saint-Michel niet alleen de getijden van het Kanaal maar ook hele stromen pelgrims en toeristen De unieke mix van natuur en architectuur zweeft als een fata morgana boven de kust van Normandië. Op een bepaald ogenblik kon het eiland enkel bij laagtij of per boot worden bereikt, maar sinds 1877 is er een verhoogde verbindingsweg met het vasteland. Momenteel wordt een grootschalig overheidsproject opgezet om het opgehoopte slib van de baai te verwijderen zodat Mont-Saint-Michel terug een echt eiland zou kunnen worden – en blijven.

NATURE | NATURE | NATUUR

NATURE | NATURE | NATUUR

Both geographically and cartographically striking, this headland near the southern tip of Africa was discovered in 1488 by the Portuguese sailor Bartolomeu Dias. As its name indicates, the Cape was associated with the hope of having found a sea route to India. Many ships that attempted to round the Cape met their doom against the high, steep, rocky crags extending down into the sea, and in the frequent storms occurring there. According to legend, a Dutch captain was once condemned to "beat about in these seas" forever, earning him the name of "The Flying Dutchman."

En 1488, le navigateur portugais Bartolomeu Dias a été le premier homme à doubler le *cap de Bonne-Espérance*, à l'extrême sud du continent africain. Le nom de ce promontoire isolé rappelle l'espoir que sa découverte avait suscité dans l'esprit des marins, soulagés et heureux d'avoir enfin trouvé une route maritime pour se rendre jusqu'aux Indes. Fatales à de nombreux navires, les tempêtes qui soufflent au large des falaises abruptes ont fait quantité de victimes. La célèbre légende du "Hollandais volant", condamné à errer sans fin sur les mers du globe, est liée au *cap de Bonne-Espérance*.

Deze landtong aan de zuidelijke tip van Afrika, die zowel geografisch als cartografisch opvallend is, werd in 1488 ontdekt door de Portugese zeevaarder Bartolomeu Dias. Zoals de naam al aangeeft, werd de Kaap geassocieerd met de hoop een zeeroute naar India te hebben ontdekt. Veel schepen die poogden de Kaap te ronden, sloegen te pletter tegen de hoge, steile rotsmassa's die zich tot ver in de zee uitstrekken of vergingen in de vele stormen. Volgens een legende werd een Nederlandse kapitein ooit veroordeeld om eeuwig "in deze zeeën rond te laveren", wat hem de bijnaam "De Vliegende Hollander" opbracht.

NATURE | NATURE | NATUUR

Mount Fuji is Japan's highest mountain. With its perfectly symmetrical shape and its peak almost always covered with snow, it's a symbol of Japan and a sacred mountain in Shintoism. This dormant volcano on Honshu island rises 3,776 meters above sea level and is relatively easy to climb, which is why up to 3,000 people hike to the summit and to the crater rim each day in summer, and, when the weather is clear, watch the sun rise over the Pacific. Its extreme beauty has made "Fuji-san" a favorite subject of Japanese painting and literature.

Le *mont Fuji* est la plus haute montagne du Japon. Sa forme caractéristique et son sommet presque toujours recouvert de neige font de cette figure paisible un symbole national sacré, lieu saint du shintoïsme. Situé dans l'île de Honshu, il s'agit en réalité d'un volcan de 3776 mètres d'altitude, relativement facile à escalader, de sorte que trois mille personnes font l'ascension jusqu'au bord du cratère tous les jours de l'été. D'une beauté indéniable – notamment par temps clair lorsque l'on peut apprécier de son sommet le magnifique lever de soleil sur le Pacifique – le *Fuji San* est un motif récurrent de la littérature et des beaux-arts japonais.

De berg Fuji is de hoogste berg van Japan. Met zijn perfect symmetrische vorm en zijn nagenoeg altijd met sneeuw bedekte top is het een symbool van Japan en een heilige berg in het Shintoïsme. Deze slapende vulkaan op het eiland Honshu meet 3.776 meter boven de zeespiegel en is relatief gemakkelijk te beklimmen. Dat is meteen ook de reden waarom in de zomer elke dag zo'n 3.000 mensen naar de top en de rand van de krater wandelen om, wanneer het weer het toelaat, de zon boven de Grote Oceaan te zien opkomen. Haar uitzonderlijke schoonheid maakt van "Fuji-san" een favoriet onderwerp in de Japanse schilderkunst en literatuur.

Everglades National Park, a 6,000-square-kilometer marshland in Florida, is a paradise for flora and fauna. At first glance, it doesn't really look like a swamp, because this "river of grass"—up to 60 kilometers wide and only a few centimeters deep—is completely overgrown with sawgrass. Where the ground is higher, mangroves, palms and cypress grow. A number of developed trails provide access to the area and allow visitors to get a closer look at alligators, cormorants, pelicans, flamingos, and turtles.

Le *Parc National des Everglades*, couvrant une surface de 6000 kilomètres carrés de marécages en Floride, est un véritable paradis pour la faune et la flore. À première vue, cette réserve ne ressemble guère à un marais, ses eaux peu profondes disparaissant sous un épais manteau d'algues maritimes. Néanmoins, dès que le sol est un peu plus élevé, des forêts de palétuviers, de palmiers et de cyprès envahissent l'espace naturel. En outre, le site est parcouru par de nombreuses pistes qui permettent aux visiteurs d'approcher aisément les diverses espèces animales qui y vivent, et notamment alligators, cormorans, pélicans, flamants roses et tortues.

Het Everglades National Park, een moerasgebied van 6.000 vierkante kilometer in Florida, is een waar paradijs wat flora en fauna betreft. Op het eerste gezicht ziet het er niet echt uit als een moeras omdat deze "rivier van gras" – tot 60 kilometer breed en slechts enkele centimeters diep – volledig overwoekerd is met zegge. Waar de grond hoger is, groeien er mangroven, palmbomen en cipressen. Een aantal aangelegde routes verleent toegang tot het gebied en laat bezoekers toe om alligators, aalscholvers, pelikanen, flamingo's en schildpadden van naderbij te bekijken.

A destination for prospectors in the nineteenth century and later a Mecca for skiers, Pikes Peak is a 4,302-meter-high mountain in the Rocky Mountains near Colorado Springs. Three special events attract tens of thousands of people to Pikes Peak each year. In August, several thousand runners participate in the Pikes Peak Marathon; on New Year's Eve, there's a giant fireworks display; and since 1916, drivers have competed in the legendary "Pikes Peak International Hill Climb" mountain rally, a race to the summit on a 20-kilometer, twisting gravel road held in July. Visitors can also ride to the top on the Manitou and Pikes Peak Railway, the world's highest cog railway, in operation since 1891.

La montagne *Pikes Peak*, qui culmine à 4302 mètres dans les Rocheuses près de Colorado Springs, a tout d'abord attiré les chercheurs d'or au XIXe siècle, puis les amateurs de sports d'hiver. Le site est aujourd'hui célèbre pour accueillir trois événements annuels majeurs : un marathon au mois d'août, qui draine plusieurs milliers de personnes, un magnifique feu d'artifice à la Saint-Sylvestre, et enfin la légendaire "*Pikes Peak Hill Climb*". Depuis 1916, cette course de montagne d'une vingtaine de kilomètres réunit chaque année en juillet un grand nombre de participants. Depuis 1891, les visiteurs moins aventureux peuvent également accéder au sommet en empruntant le "*Manitou and Pikes Peak Railway*", le plus haut téléphérique du monde.

Pikes Peak, een 4.302 meter hoge berg in de Rocky Mountains nabij Colorado Springs, was dé bestemming voor goudzoekers in de negentiende eeuw en groeide later uit tot een Mekka voor skiërs. Drie speciale gebeurtenissen lokken elk jaar tienduizenden mensen naar Pikes Peak. In augustus nemen verschillende duizenden lopers deel aan de Pikes Peak Marathon; op oudejaarsavond is er een gigantisch vuurwerk en sinds 1916 nemen rallyrijders er in juli deel aan de legendarische "Pikes Peak International Hill Climb"-bergrally, een race naar de top op een 20 kilometer lange, kronkelende grindweg. Bezoekers kunnen de top ook bereiken via de Manitou en Pikes Peak-Spoorlijn, 's werelds hoogste tandradbaan,

The up to 1,087-meter-high Table Mountain stands in the middle of Cape Town and is the symbol of this city at the southwestern tip of South Africa. As part of a 6,000-hectare nature preserve, its flora—including some 1,400 different types of vegetation—is unparalleled in its diversity. Many of the plant species are unique to the area. To fully experience the biodiversity, visitors can hike to the summit on one of the over 300 trails. Another attraction is a ride on the cableway, which has been in operation since 1929, and was completely renovated in 1997. It currently transports up to 900 passengers an hour to the natural monument.

La *Montagne de la Table* culmine à 1087 mètres d'altitude au-dessus de la ville de Cap Town, à la pointe sud-ouest du continent africain. Ce plateau constitue une réserve naturelle de 6000 hectares, au sein de laquelle la flore est particulièrement riche. Ce ne sont pas moins de mille quatre cents espèces de plantes différentes qui s'y côtoient en effet, dont certaines n'existent nulle part ailleurs. Plus de trois cents chemins de randonnée permettent de découvrir cette exceptionnelle biodiversité, et le sommet de la montagne est également desservi par un téléphérique capable de transporter neuf cents visiteurs par heure.

De 1.087 meter hoge Tafelberg staat in het midden van Kaapstad en is het symbool van deze stad in de zuidwestelijke uithoek van Zuid-Afrika. Als onderdeel van een 6.000 hectaren groot natuurreservaat, is zijn flora – inclusief zo ongeveer 1.400 verschillende soorten vegetatie – ongeevenaard qua diversiteit. Vele plantensoorten vind je alleen hier. Om ten volle van de biodiversiteit te genieten, kunnen bezoekers naar de top stappen op een van de meer dan 300 wandelpaden. Een andere mogelijkheid is een ritje met de kabelbaan die al sinds 1929 operationeel is en in 1997 volledig werd vernieuwd. Momenteel vervoert deze tot 900 passagiers per uur naar dit geweldig natuurmonument.

Once known as the "thundering water" to the Indians, Niagara Falls on the US-Canadian border lives up to its name. Every minute, almost 110,000 cubic meters of water from the Niagara River tumble over the 60-meter-high, 1,200-meter-wide cliff into the abyss, drowning out every other sound. Only once—on Easter Sunday, 1848—was there a sudden silence during the night, alarming and terrifying local residents, when huge ice floes on Lake Erie blocked the channel for 30 hours.

Autrefois désignées par les indiens comme le "tonnerre des eaux", les *chutes du Niagara* rendent fièrement hommage à leur surnom. Située à la frontière entre le Canada et les États-Unis, cette gigantesque cascade débite chaque minute quelque 110 000 mètres cubes d'eau, qui s'échouent 60 mètres plus bas en un vacarme assourdissant. Un événement singulier s'est cependant produit le dimanche de Pâques de 1848, lorsque d'immenses blocs de glace provenant du lac Érié ont interrompu subitement l'écoulement des eaux. Alors, pendant une trentaine d'heures, la légende s'est interrompue : la rugissante cascade s'est tue.

De Niagarawatervallen aan de Amerikaans-Canadese grens stonden bij de indianen bekend als "donderend water" en ze doen deze benaming alle eer aan. Elke minuut tuimelt er ongeveer 110.000 kubieke meter water vanuit de Niagararivier over de 60 meter hoge en 1.200 meter brede rots de afgrond in, daarbij elk geluid overstemmend. Slechts één keer, op paaszondag 1848, werd het hier 's nachts plots helemaal stil, tot ontzetting van de lokale bewoners. Deze stilte werd veroorzaakt doordat reusachtige ijsschotsen op het Eriemeer het kanaal gedurende 30 uur blokkeerden.

NATURE | NATURE | NATUUR

One Canadian workmen and one from the United States exchanged flags on the new Rainbow Bridge, over the Niagara Falls, May 1941. |
Deux travailleurs, canadien et américain, procèdent à un échange de drapeaux sur le nouveau Rainbow Bridge, au-dessus des chutes du Niagara en mai 1941. |
Een Canadese arbeider en een collega uit de Verenigde Staten wisselden vlaggen uit op de nieuwe Rainbow Bridge, over de Niagara Falls, in mei 1941.

NATURE | NATURE | NATUUR

NATURE | NATURE | NATUUR

The 2,300-kilometer-long Great Barrier Reef off Australia's eastern coast is the world's largest living coral reef. A chain of thousands of individual reefs, islands, and sandbars created by corals producing calcium carbonate, the Reef is home to over 1,500 known species of fish and almost 8,000 other species of animals. The incomparable magnificence and variety of its flora and fauna make it one of the wonders of the natural world. Captain James Cook discovered the Reef in 1770—although not entirely of his own free will— when he ran his ship aground on it.

La *Grande Barrière de corail* s'étend sur quelque 2300 kilomètres le long de la côte est de l'Australie. S'imposant comme le plus grand récif corallien au monde, cette merveille de la nature composée d'une multitude de récifs, de bancs de sable et d'îlots calcaires, s'est produite au cours des millénaires par l'amoncellement de carbonate de calcium issu de squelettes de coraux. Plus de mille cinq cents espèces de poissons y sont répertoriées, ainsi que huit mille autres espèces animales et végétales plus colorées les unes que les autres. C'est le navigateur James Cook qui fut le premier à découvrir la *Barrière de corail* – à ses dépens puisque son bateau s'y échoua en 1770 !

Het 2.300 kilometer lange Grote Barrièrerif voor de oostkust van Australië is 's werelds grootste levende koraalrif. Het rif, een aaneenschakeling van duizenden afzonderlijke riffen, eilandjes en drempels gecreëerd door koralen die calciumcarbonaat produceren, is de habitat van meer dan 1.500 gekende vissoorten en bijna 8.000 andere diersoorten. De onvergelijkbare pracht en variëteit van zijn flora en fauna maken van het Rif een van de grote wonderen van de natuur. Kapitein James Cook ontdekte het Rif in 1770 – hoewel niet helemaal uit vrije wil – toen zijn schip hier naar de bodem zonk.

Hazardous storms, strong ocean currents, almost constant rain, and low temperatures all year round—that's Cape Horn, located in Chile at the southernmost tip of South America where the Atlantic and Pacific oceans merge. The first person to sail around the Horn was Willem Cornelisz Schouten in 1616, and it has long been regarded as one of the most dangerous waterways in the world. Over 800 ships are supposed to have gone down here. Until the Panama Canal was opened in 1914, there was no other way to travel from one ocean to the other. Any sailors who were able to conquer the route in their wind-powered cargo ships were thereafter respectfully known as "Cape Horners."

Vents violents, courants marins, températures basses et pluie incessante : on ne peut pas dire que le *cap Horn*, situé au Chili, à l'extrême sud du continent américain, soit un lieu très hospitalier ! Doublé pour la première fois en 1616 par le navigateur hollandais Willem Cornelisz Schouten, ce point où l'Atlantique et le Pacifique se rejoignent est considéré comme l'un des plus dangereux au monde. Avant l'ouverture du canal de Panama en 1914, cette route était pourtant le seul passage entre les deux océans. Pus de huit cents bateaux y avaient sombré. C'est pourquoi doubler le *cap Horn* était considéré comme un acte de prestige dans le monde maritime, et que le titre de "cap-hornier" fut inventé pour honorer les marins qui l'avaient franchi avec succès.

Gevaarlijke stormen, sterke oceaanstromingen, bijna continu regen en lage temperaturen het hele jaar door – dat is Kaap Hoorn, gelegen in Chili aan het uiterste zuidelijke punt van Zuid-Amerika, waar de Atlantische en de Grote Oceaan elkaar ontmoeten. De eerste persoon die rond de Hoorn zeilde, was Willem Cornelisz Schouten in 1616. De route die hij volgde wordt al lang beschouwd als een van de gevaarlijkste waterwegen ter wereld: hier zouden al meer dan 800 schepen vergaan zijn. Tot de aanleg van het Panamakanaal in 1914 bestond er geen andere manier om van de ene naar de andere oceaan te varen. Zeelui die erin geslaagd waren om in hun door de wind aangedreven vrachtschepen de Hoorn te nemen, werden respectvol "Kaap Hoornvaarders" genoemd.

NATURE | NATURE | NATUUR

It's not really a sea and not really dead. Straddling the borders of Israel, the West Bank, and Jordan, the Dead Sea is a lake with no outflow, fed by the River Jordan and covering 600 square kilometers. Because of its high salt content (at about thirty percent, it's ten times that of other seas), only microorganisms and specialized plants can survive. Its water level has already dropped to 400 meters below sea level, due to a continuous drying out caused by various factors, making it the lowest lake on earth.

Portant un nom un peu obscur, la *Mer Morte* – enca-drée par la Jordanie, Israël et la Cisjordanie – est en réalité un lac de 600 kilomètres carrés alimenté par le Jourdain. Son extrême salinité (30%, soit dix fois plus que les océans) l'a rend inhospitalière à diverses formes de vie, et seuls certains micro-organismes et plantes rares peuvent y subsister. Victime d'un as-sèchement progressif lié à la combinaison de divers facteurs, la *Mer Morte* constitue aujourd'hui, à 400 mètres au-dessous du niveau de la mer, le point le plus bas du globe.

Het is niet echt een zee en ze is ook niet echt dood. Zich uitstrekkend langs de grenzen van Israël, de West Bank en Jordanië, is de Dode Zee een meer zonder uitstroming, gevoed door de rivier de Jordaan en goed voor ongeveer 600 vierkante kilometer wa-ter. Omwille van haar hoog zoutgehalte (ongeveer 30 procent - tien keer zoveel als dat van andere zeeën), kunnen alleen micro-organismen en speciale planten hier overleven. Het waterpeil is, ten gevolge van per-manente uitdroging veroorzaakt door verschillende factoren, reeds gedaald tot 400 meter onder zeeni-veau, waardoor dit het laagste meer op aarde is.

The dimensions of the Grand Canyon in northern Arizona are both enchanting and overwhelming. Up to 1,800 meters deep, the rugged beauty of this stony natural wonder was created by the Colorado River over millions of years. The river carved out a channel in stone that is 450 kilometers long and up to 30 kilometers wide. Through erosion, it laid bare one of the world's most complete displays of the strata of the earth's crust. Depending on the lighting, the play of colors in the canyon changes within minutes.

Les dimensions du *Grand Canyon*, situé dans le nord de l'Arizona, sont particulièrement impressionnantes. Atteignant une profondeur de 1800 mètres, cette merveille de la nature est le résultat de l'érosion de la rivière Colorado, qui a creusé la roche des millions d'années durant. Aujourd'hui élancé de 450 kilomètres sur 30, le *Grand Canyon* offre le meilleur témoignage au monde de l'accumulation des couches terrestres sur la partie supérieure de la Terre. Différent à toute heure du jour, il offre un panorama unique, tant les couleurs incroyables de la pierre varient suivant la position du soleil.

De afmetingen van de Grand Canyon in noordelijk Arizona zijn zowel fascinerend als overweldigend. De ruwe schoonheid van dit stenen natuurwonder, met een maximale diepte van zomaar eventjes 1.800 meter, werd in de loop van miljoenen jaren gecreëerd door de Coloradorivier. Deze sneed een kanaal in steen uit dat 450 kilometer lang en tot 30 kilometer breed is. Door de erosie krijg je hier een van de meest complete beelden van de verschillende lagen van de aardkorst. Afhankelijk van het licht wisselt het kleurenspel in het ravijn op nauwelijks enkele minuten tijd.

As one of the world's largest inselbergs (literally "island mountain"), Ayers Rock—which the Aborigines call Uluru and venerate as a sacred place—dominates the sandy, central Australian plain. Due to its iron oxide coating, the 348-meter sandstone monolith can appear a radiant orange, red, violet, or brown, depending on the angle of sunlight, providing a magnificent natural display. The Aboriginal people are tolerant of tourists climbing Uluru, but don't like them to trample all over their holiest place.

L'*Ayers Rock* est le plus grand rocher monolithique au monde. Vénéré sous le nom d'"Uluru" par les aborigènes d'Australie, il domine la savane australienne à 348 mètres d'altitude. Dans les faits, l'*Ayers Rock* est une montagne exceptionnelle. Les oxydes métalliques qui parcourent sa surface de grès lui confèrent des teintes lumineuses et variables en fonction de la position du soleil ; ainsi, aux différentes heures du jour, le rouge, l'orange, le marron ou le violet composent un spectacle naturel grandiose. Tolérés par les aborigènes, les touristes doivent cependant faire preuve d'un grand respect envers la montagne sacrée lors de leur ascension.

Als een van 's werelds grootste "inselbergs" (letterlijk "eilandberg") domineert Ayers Rock – door de Aboriginals Uluru genoemd en als een heilige plaats vereerd – de centrale Australische zandvlakte. Dankzij de bovenste ijzeroxidelaag kan deze 348 meter hoge monoliet in zandsteen, afhankelijk van de stralingshoek van het zonlicht, fel oranje, rood, violet of bruin ogen, wat een geweldig natuurspektakel oplevert. De Aboriginals kunnen verdragen dat toeristen Uluru beklimmen, maar ze kunnen het niet appreciëren wanneer ze hun heilige plek helemaal onder de voet komen lopen.

NATURE | NATURE | NATUUR

The waters of the Zambezi River on the border of Zimbabwe and Zambia flow in a 1,708-meter-wide stream to plunge over a 110-meter cliff wall into a ravine only 50 meters wide, creating the largest waterfall in the world. Especially during the rainy season, Victoria Falls creates a mist that rises almost 300 meters and can be seen from several kilometers away. David Livingstone, a Scottish missionary and explorer, discovered Victoria Falls in 1855, naming it after Queen Victoria.

Les *chutes Victoria*, situées sur le fleuve Zambèze à la frontière de la Zambie et du Zimbabwe, forment les plus grandes cascades de la planète. Le fleuve, large de 1708 mètres, se jette ici dans une faille de 110 mètres de profondeur pour s'écouler ensuite dans une gorge plus petite, large d'une cinquantaine de mètres. À la saison des pluies, le nuage de vapeur provoqué par les chutes s'élève à 300 mètres d'altitude, et est visible à des kilomètres à la ronde. David Livingstone, explorateur et missionnaire écossais, découvrit le site en 1855, et le baptisa "Victoria" en l'honneur de la reine d'Angleterre de l'époque.

De wateren van de Zambezirivier aan de grens tussen Zimbabwe en Zambia monden uit in een 1.708 meter brede stroom om vervolgens over een 110 meter hoge rotswand in een slechts 50 meter breed ravijn te donderen en zo de grootste waterval ter wereld te creëren. De Victoriawatervallen genereren een mist die ongeveer 300 meter opstijgt en van kilometers ver te zien is. David Livingstone, een Schotse missionaris en ontdekkingsreiziger, ontdekte de Victoriawatervallen in 1855 en vernoemde ze naar de Britse Koningin Victoria.

Since time immemorial, people of all religious persuasions have been in the habit of establishing their own unique prayer sites, temples, churches, mosques, sacrificial and burial sites as a way to worship their deities. Jews mark the deep significance of the Western Wall in Jerusalem as the site closest to the Holy of Holies in their religion, the inner shrine housing the Ark of the Covenant. Every year, 2.5 million Muslims make the pilgrimage to Mecca, the place where the Prophet Mohammed was born and the essential place of pilgrimage in Islam. The object of worship there is a black, windowless and cube-shaped structure, the Caaba, which is said to have been erected by Adam and renewed by Abraham. But even cultures long extinct have left behind traces of their religions. In their heyday, the Maya established the temple city of Chichén Itzá, whose pyramid structures continue to baffle researchers even today with their architectural singularities. Myths and legends also surround the concentric megalith circles of Stonehenge near Salisbury, England. The ceaseless fascination of this site dating to the Neo-lithic Age and Bronze Age continues to draw thousands of people to the annual solstice.

Construire des temples, des églises, des mosquées, des mausolées et des lieux de sacrifices pour vénérer les dieux ou honorer les morts est une constante de l'histoire de l'Homme. Le mur des Lamentations, à Jérusalem, revêt une signification particulière pour les Juifs, puisque c'est le seul vestige de l'endroit où l'on conservait l'Arche d'alliance dans l'Antiquité. La Mecque, en Arabie Saoudite, attire chaque année plus de deux millions et demi de Musulmans, qui viennent en pèlerinage dans la ville natale du prophète Mahomet et tournent autour de la Kaaba, grand cube recouvert d'un voile noir qui rappelle le temple construit par Adam et reconstruit par Abra-ham. Parmi les vestiges laissés par des civilisations disparues, citons notamment le sanctuaire maya de Chichén Itzá, au Mexique, dont les pyramides soulèvent des énigmes que les archéologues n'ont toujours pas résolues. De même, les cercles de mégalithes concentriques de Stonehenge, en Angleterre, érigés au Néolithique et à l'âge du Bronze, sont la source de nombreuses légendes et attirent des foules considérables, en particulier lors des équinoxes.

Al sinds het begin der tijden hebben mensen van alle religieuze overtuigingen de gewoonte hun eigen unieke gebedssites, tempels, kerken, moskeeën, offer- en begraafplaatsen in te richten als een manier om hun goden te eren. Voor Joden heeft de Westelijke Muur in Jeruzalem veel betekenis, aangezien het de plaats is die het dichtst ligt bij het heilige der heiligdommen in hun religie: het binnenschrijn dat de Ark des Verbonds huisvest. Elk jaar ook trekken 2,5 miljoen moslims op bedevaart naar Mekka, de plaats waar de profeet Mohammed werd geboren en de bedevaartplaats bij uitstek in de islam. Het voorwerp van verering daar is een zwarte, raamloze en kubusvormige constructie, de Kaaba, volgens de overlevering gebouwd door Adam en heropgebouwd door Abraham. Maar zelfs reeds lang uitgestorven culturen hebben sporen van hun religies nagelaten. Op het top-punt van hun macht bouwden de Maya de tempelstad van Chichén Itzá, waarvan de piramidale structuur met zijn architecturale bijzonderheden onderzoekers vandaag nog altijd voor raadsels plaatst. Ook de concentrische megalithische cirkels van Stonehenge nabij Salisbury, Engeland, zijn omgeven door mythes en legendes. De onophoudelijke fascinatie voor deze plaats die dateert van het Neolithische en Bronzen Tijdperk blijft duizenden mensen naar de jaarlijkse zonnewende lokken.

RELIGION | RELIGION | RELIGIE

The ruins of the former city of Machu Picchu are perched on a 2,450-meter high mountain ridge between the Andean peaks in Peru, and are the most important witnesses to their time period. The Incas built 216 buildings on parallel terraces linked by a system of stairways. Many remains of walls and 3,000 steps remain. It wasn't until 1911 that the city was discovered by the American Hiram Bingham. Many mysteries still surround this Inca settlement, which is supposed to have been founded in around 1450, such as why the inhabitants abandoned a city that had never been destroyed by conquerors.

Les ruines du *Machu Picchu*, situées dans les Andes à 2450 mètres d'altitude, constituent le plus important témoignage archéologique de la civilisation inca. Cette ancienne cité péruvienne comptait à l'origine deux cent seize bâtiments construits sur des terrasses parallèles, reliées entre elles par un ingénieux système d'escaliers. De cette ambitieuse structure redécouverte en 1911 par l'Américain Hiram Bingham, on ignore presque tout ; et ce ne sont pas les murailles en ruines et les quelque trois mille marches parvenues jusqu'à nous qui permettent de répondre aux multiples questions. L'une d'entre elles, notamment, taraude ses explorateurs : pourquoi, alors que rien n'indique qu'elle ne fut détruite par des conquérants, cette cité fut-elle ainsi abandonnée par sa population ? La civilisation inca, dont on évalue timidement l'édification vers 1450, n'a pas fini d'entretenir ses mystères...

De ruïnes van de vroegere stad Machu Picchu bevinden zich boven op een 2.450 meter hoge bergkam tussen de pieken van de Andes in Peru en zijn de belangrijkste getuigen van hun tijdperk. De Inca's bouwden 216 gebouwen op parallelle terrassen, onderling verbonden via een trappensysteem. Vele overblijfselen van de muren en de 3.000 traptreden zijn intact gebleven. Het was pas in 1911 dat de stad werd ontdekt door de Amerikaan Hiram Bingham. Ondertussen blijven er nog vele mysteries hangen omtrent deze vermoedelijk rond 1450 gebouwde Incanederzetting. Een ervan is de vraag waarom de bewoners een stad hebben verlaten die nooit door veroveraars vernietigd werd.

RELIGION | RELIGION | RELIGIE

RELIGION | RELIGION | RELIGIE

In the early ninth century, Santiago de Compostela in Galicia, northern Spain, became the third most important Christian pilgrimage site, after Rome and Jerusalem. It is the burial site of mortal remains presumed to belong to the Apostle St. James the Great who, legend has it, was a missionary in Spain. The large cathedral that was built on this grave beginning in 1078 is now the destination of around 100,000 pilgrims each year who come from all over the world, following the various European Ways of St. James to the Saint's tomb, mostly on foot or bicycle. Since the Middle Ages, the site's symbol has been a scallop shell.

À partir du IXᵉ siècle, *Saint-Jacques-de-Compostelle* s'est imposé, après Jérusalem et Rome, comme le troisième lieu de pèlerinage le plus important de la religion chrétienne. C'est dans cette ville de Galice, au nord-ouest de l'Espagne, qu'ont en effet été retrouvés des ossements attribués à l'apôtre Saint Jacques le Majeur, considéré comme l'évangélisateur de la péninsule ibérique. La cathédrale, construite sur les lieux de la découverte à partir de 1078, est devenue l'ultime étape d'un périple entrepris chaque année par des milliers de croyants, qui, à pied ou en vélo, sillonnent l'Europe sur les chemins paisibles menant à *Saint-Jacques-de-Compostelle*.

In de vroege negende eeuw werd Santiago de Compostela in Galicië in Noord-Spanje het derde belangrijkste christelijke bedevaartsoord na Rome en Jeruzalem. Het is de begraafplaats van stoffelijke resten die zouden toebehoren aan Apostel Jakobus, die volgens de legende missionaris was in Spanje. De grote kathedraal, die vanaf 1078 op dit graf werd gebouwd, is nu de bestemming van ongeveer 100.000 pelgrims per jaar, die van overal ter wereld de verschillende Europese routes naar Santiago de Compostela volgen, meestal te voet of per fiets. Sinds de Middeleeuwen is het symbool van deze site een sint-jakobsschelp.

RELIGION | RELIGION | RELIGIE

Michelangelo's St Peter Pieta, depicting the Virgin Mary holding the dead body of Jesus, probably one of the most famous Pieta in the world. |
La Pietà de Michel-Ange dans la Basilique Saint-Pierre, montrant la Vierge Marie portant le corps sans vie de Jésus ; elle est probablement l'une des Pietà les plus célèbres du monde. |
De Pietà van Michelangelo toont de Maagd Maria met het dode lichaam van Jezus in haar armen, wellicht een van de beroemdste Pietàs ter wereld.

The Basilica of St. Peter is a Roman landmark. It's also the center of Christendom and its largest church. The cornerstone of the current Basilica was laid in 1506, replacing the first Vatican necropolis and the subsequent Constantinian basilica. Many architects, including Michelangelo, Raffael, and Bernini, participated in the 120-year construction of the basilica, which was built directly over Saint Peter's tomb. A total of 164 popes have been buried here, 23 of whom are in the Vatican grottoes in direct proximity to the tomb of the Prince of the Apostles. At Christmas and Easter, the Pope imparts the Urbi et Orbi blessing from the basilica balcony to an audience of over 100,000 in St. Peter's Square.

Bâtiment emblématique de la ville de Rome, la *Basilique Saint-Pierre* est à la fois le cœur de la chrétienté et son lieu de culte le plus imposant. Édifiée à partir de 1506 sur les murs d'une basilique construite par l'empereur Constantin – elle-même élevée sur les ruines d'une nécropole paléochrétienne –, elle mit plus de cent vingt ans pour sortir de terre et requit le talent d'architectes de renom dont Michel-Ange, Raphaël et Le Bernin. Cent soixante-quatre papes ont été enterrés en ce lieu, et vingt-trois d'entre eux ont le privilège de reposer dans la nécropole souterraine où se trouve également le tombeau de Saint Pierre. Lors des célébrations chrétiennes de Noël et de Pâques, le souverain pontife apparaît au balcon de la basilique ; il gratifie alors les cent mille personnes réunies sur la place Saint-Pierre de la célèbre bénédiction "Urbi et orbi".

De Sint-Pietersbasiliek is niet alleen een Romeinse topbezienswaardigheid, het is ook het centrum van het Christendom én zijn grootste kerk. De eerste steen van de huidige basiliek werd gelegd in 1506, op de plaats van de eerste Vaticaanse necropolis en de Oude Sint-Pietersbasiliek gebouwd door keizer Constantijn de Grote. Talrijke architecten zoals Michelangelo, Raffael en Bernini werkten mee aan de 120 jaar durende bouw van de basiliek, die vlak boven de graftombe van de Heilige Petrus opgetrokken werd. In totaal liggen hier 164 pausen begraven, waarvan 23 in de Vaticaanse grotten in de onmiddellijke nabijheid van het graf van de Prins der Apostelen. Met Kerstmis en Pasen spreekt de Paus zijn 'Urbi et Orbi'-zegen uit van op het balkon van de basiliek voor meer dan 100.000 mensen die zich dan op het Sint-Pietersplein verzamelen.

Although this megalithic structure from the Neolithic and Bronze Ages has been around for 5,000 years, the mystery of its meaning has never been solved, despite the most advanced research methods. Comprising almost concentric circles of stones erected around a group of tombs during several phases of construction, there is still speculation as to whether it was used as a burial ground, the center of a religious cult, or for astronomical purposes. Even today, this structure near Amesbury, England, exerts such a mysterious fascination that it finally had to be enclosed by a fence to keep it from being destroyed by the masses of visitors.

Érigés il y a plus de cinq mille ans, au Néolithique et à l'âge du Bronze, les *Mégalithes de Stonehenge* demeurent un mystère pour les archéologues. Cet ensemble de blocs de pierre disposés en cercles concentriques est le fait d'une réalisation échelonnée dans le temps. On ignore encore aujourd'hui leur objet : s'agit-il d'un mausolée, d'un lieu de culte, d'un dispositif en rapport avec l'astronomie ? Situées en Angleterre près d'Amesbury, les *Mégalithes de Stonehenge* exercent aujourd'hui encore une grande fascination sur la population, au point qu'un dispositif de préservation a été instauré par les autorités locales pour protéger le site d'un nombre de visiteurs toujours plus grand.

Hoewel dit megalithische bouwwerk uit het Neolithicum en het Bronzen Tijdperk al ruim 5.000 jaar bestaat, hebben zelfs de meest geavanceerde onderzoeksmethoden het mysterie rond de betekenis ervan nog steeds niet ontsluierd. Vormden de bijna concentrische cirkels van stenen, opgericht rond een groep tombes in verschillende constructiefasen, een begraafplaats, het centrum van een religieuze cultus of een astronomisch instrument? Zelfs vandaag nog oefent dit bouwwerk nabij Amesbury, Engeland, een dergelijke mysterieuze fascinatie uit dat het door een hek moest worden afgesloten om te vermijden dat het door de massa's bezoekers in verval zou raken.

Built by the Mayans on the Yucatán Peninsula in around 500 AD and expanded by the Toltecs in the tenth century, the city of Chichén Itzá is now one of Mexico's most important archeological sites. After these advanced civilizations mysteriously collapsed, the ruins became overgrown with jungle and weren't rediscovered and exposed until the end of the nineteenth century. The main tourist attraction is the Castillo step pyramid in the center of the temple complex. Twice a year on the spring and fall equinoxes, the pyramid is almost completely covered in shadow. Only the steps on the north side receive any sunlight.

Construite par les Mayas sur la presqu'île du Yucatán vers l'an 500, puis étendue par les Toltèques au Xᵉ siècle, la ville de *Chichén Itzá* est l'un des principaux sites archéologiques du Mexique. Après la mystérieuse disparition de la civilisation toltèque, la ville disparut sous les effets de l'avancée de la forêt tropicale, pour n'être redécouverte qu'à la fin du XIXᵉ siècle. Aujourd'hui dégagées, les ruines de la cité attirent de nombreux touristes, curieux de découvrir ses richesses et tout particulièrement le "Castillo", en plein cœur du site. Cette pyramide en terrasses, extrêmement bien préservée, présente une caractéristique peu commune, puisqu'elle se retrouve pratiquement plongée dans l'obscurité lors des équinoxes de printemps et d'automne, alors que le soleil n'éclaire plus que faiblement son côté orienté au nord.

Gebouwd door de Maya's op het schiereiland Yucatán rond 500 voor Christus en verder uitgebouwd door de Tolteken in de tiende eeuw, is de stad Chichén Itzá een van Mexico's belangrijkste archeologische sites. Na de mysterieuze ineenstorting van deze vergevorderde beschavingen, raakten de ruïnes overwoekerd door oerwoud en ze werden dan ook pas herontdekt en blootgelegd aan het eind van de negentiende eeuw. De belangrijkste toeristische attractie is de trappiramide van Kukulcán, ook El Castillo genoemd, in het hart van het tempelcomplex. Tweemaal per jaar, bij de lente- en herfstnachtevening, is de piramide nagenoeg volledig in schaduw gehuld. Alleen de trappen aan de noordkant ontvangen dan nog enig zonlicht.

The Wailing Wall in the Old City of Jerusalem is one of the holiest places for the Jewish people, symbolizing the eternal covenant between God and his chosen people. Forming the western side of the Temple Mount, the Wall is made of massive limestone blocks and is about 48 meters long and 18 meters high. The bottom seven layers were part of a temple from the time of Herod. Each day, people come to the Wall to pray, although access is strictly regulated. Many place slips of paper with their written prayers and requests in the crevices between the stones.

Situé dans la vieille ville de Jérusalem, le *Mur des Lamentations* compte parmi les lieux saints du judaïsme. Considéré comme un symbole de l'alliance éternelle entre Dieu et son peuple, il s'agit en réalité du mur de soutènement occidental de l'esplanade du Temple de Jérusalem, un imposant ouvrage composé de gigantesques blocs de calcaire, mesurant 48 mètres de long sur 18 de hauteur. Les sept rangées de pierres inférieures sont l'héritage d'un temple plus ancien datant de l'époque d'Hérode. L'accès au Mur est strictement contrôlé, et chaque jour, de nombreux Juifs viennent y prier ; il est alors de coutume d'insérer dans les interstices entre les pierres des feuillets contenant prières et souhaits.

De Klaagmuur in de Oude Stad van Jeruzalem is voor joodse mensen een van de meest heilige plaatsen en symboliseert het eeuwige convenant tussen God en zijn uitverkorenen. De Muur maakt het westelijke deel uit van de Tempelberg, is gemaakt uit kalksteenblokken en is ongeveer 48 meter lang en 18 meter hoog. De onderste zeven lagen maken deel uit van een tempel uit de tijd van Herodes. Hoewel de toegang zeer strikt gereguleerd is, komen er elke dag mensen naar hier om te bidden. Velen plaatsen strookjes papier met geschreven gebeden en verzoeken in de spleten tussen de stenen.

The only females allowed to enter are hens, whose fresh egg yolks are needed for painting icons. Female domestic animals are also forbidden, and men can visit only as pilgrims. Such are the strict rules of the orthodox monastic state on the Holy Mount Athos on the Halkidiki Peninsula in Greece. This autonomous republic has a history dating back over 1,000 years. Today, about 2,000 monks live a life of poverty and chastity in twenty monasteries. Their greatest problem is the lack of younger monks to carry on the tradition.

En échange de leurs œufs fraîchement pondus – nécessaires pour peindre les icônes –, les poules sont les seules dames autorisées à séjourner sur le *mont Athos*... Une interdiction sans concession, étendue même aux animaux. La gente masculine, quant à elle, doit se plier également aux strictes prescriptions du lieu, ne pouvant accéder au splendide monastère que dans le cadre d'un pèlerinage. Telles sont les règles inconditionnelles qui régissent depuis plus de mille ans la république monastique autonome du *mont Athos*, située en Grèce sur la péninsule la plus orientale de la Chalcidique. Aujourd'hui, quelque deux mille moines orthodoxes ayant prononcé des vœux de pauvreté et de chasteté vivent ici, dans une vingtaine de monastères. Un unique trouble parvient à perturber la quiétude ambiante du lieu : le manque croissant d'aspirants à la vie monastique...

De enige vrouwelijke wezens die hier toegelaten worden, zijn kippen, waarvan de verse eierdooiers nodig zijn voor het beschilderen van heiligenbeelden. Zelfs vrouwelijke huisdieren zijn verboden en mannen kunnen alleen als pelgrim op bezoek komen. Dat zijn de strikte regels van de orthodoxe monnikenstaat van de Heilige Berg Athos op het schiereiland Halkidiki in Griekenland. Deze autonome republiek heeft een geschiedenis die meer dan 1.000 jaar teruggaat. Vandaag leiden ongeveer 2.000 monniken er een leven van armoede en kuisheid in twintig kloosters. Hun grootste probleem is het gebrek aan jonge monniken om de traditie voort te zetten.

As of the sixth century BC, Delphi, located at the foot of Mount Parnassus, was Greece's central oracle and religious center. Here, Apollo killed the clairvoyant serpent Python, thus transferring her powers to the site itself. In the temple, the Pythia sat on a tripod seat over a chasm in the earth. The vapors rising from the chasm then put her into a trance and she spoke her prophecies. The often elaborate and enigmatic formulations were interpreted by priests. One of the prophecies that made Delphi famous was the prediction that Oedipus would one day kill his father. Croesus, Pyrrhus, and Alexander the Great also came to Delphi for counsel at one time or another.

Située au pied du mont Parnasse, en Grèce, la cité de Delphes accueille un important sanctuaire panhellénique. Le site fut, selon la légende, fondé par le Dieu Apollon, désireux d'établir un guide pour conduire les hommes. C'est ainsi qu'il tua le serpent Python, gardien du temple, avant de s'approprier l'oracle conservé en ce lieu et de confier à une "Pythie" la tâche de transmettre la parole divine. Souvent impénétrables, les discours de cette créature fantastique étaient ensuite interprétés par des prêtres assignés à cette tâche, puis transmis aux hommes. C'est ainsi que la *Pythie de Delphes* devint un personnage légendaire de l'Antiquité, transmettant notamment ses précieuses prédictions à Œdipe, Crésus, Pyrrhos et Alexandre le Grand.

Vanaf de zesde eeuw voor Christus was Delphi, gelegen aan de voet van de berg Parnassus, het centrale orakel en religieuze centrum van Griekenland. Hier doodde Apollo de helderziende slang Python om zo haar krachten over te dragen aan de site zelf. In de tempel zat de Pythia op een stoel met drie poten boven een spleet in de aarde. De dampen die uit de spleet naar boven kwamen, brachten haar in een trance en vervolgens sprak ze haar profetieën uit. De vaak omslachtige en raadselachtige formuleringen werden vervolgens geïnterpreteerd door priesters. Een van de voorspellingen die Delphi beroemd maakte, was de profetie die zei Oedipus op een dag zijn vader zou doden. Ook Croesus, Pyrrhus en Alexander de Grote kwamen op een bepaald ogenblik naar Delphi om het orakel om raad te vragen.

To the west of the ancient Egyptian capital of Thebes, the Valley of the Kings lies surrounded by high mountains. So far, sixty-three tombs have been discovered in the necropolis, mainly those of the rulers of the eighteenth to twentieth dynasties (from 1552 to 1070 BC). These tombs are sloping corridors up to 200 meters long cut into the rock, often with a richly decorated burial chamber at one end. Many tombs have been destroyed by grave robbers over the centuries. Nevertheless, archaeologists have continued to make sensational finds, such as the discovery of the tomb of Tutankhamen by Howard Carter in 1922.

Située non loin de Thèbes, la capitale historique des pharaons, la *Vallée des Rois* se caractérise par son paysage escarpé constitué de nombreuses falaises. Soixante-trois tombes royales ont déjà été retrouvées dans cette ancienne nécropole, datant pour la plupart de 1552 à 1070 av. J.-C. Cette splendide région fourmille en effet de chambres funéraires richement décorées, réparties dans de nombreux tunnels creusés dans la montagne et pouvant atteindre jusqu'à 200 mètres de profondeur. Malgré les incessants pillages et destructions intervenus au fil des siècles, les archéologues continuent de découvrir des pièces sensationnelles – la plus célèbre restant, en 1922, le fabuleux trésor de Toutankhamon mis à jour par Howard.

Ten westen van de oude Egyptische hoofdstad Thebe ligt de Vallei der Koningen, omgeven door hoge bergen. Tot dusver zijn er 63 graftombes ontdekt in deze dodenstad, hoofdzakelijk die van heersers uit de achttiende tot twintigste dynastieën (van 1552 tot 1070 voor Christus). Deze graftombes zijn aflopende gangen die tot 200 meter lang kunnen zijn en in de stenen werden uitgehouwen, vaak met een rijkelijk gedecoreerde begraafkamer aan het uiteinde. Vele graven zijn door de eeuwen heen vernield door grafrovers. Toch blijven archeologen sensationele vondsten doen, zoals de ontdekking van het graf van Toetanchamon door Howard Carter in 1922.

The Rosetta Stone, carved with 3 translations of the same text was created in 196 BC and discovered by the French in 1799, it started the process of hieroglyphs deciphering. |
La Pierre de Rosette, gravée de 3 traductions d'un même texte, fut créée en 196 av. JC et découverte par les Français en 1799 ; elle est à l'origine du processus de déchiffrage des hiéroglyphes. |
De Steen van Rosetta, ingekerfd met 3 vertalingen van dezelfde tekst, werd gemaakt in 196 voor Christus en ontdekt door de Fransen in 1799; meteen de start van het proces voor het ontcijferen van hiërogliefen.

बापू باپو

MAHATMA GANDHI 1½ a
s
2 OCT 1869 30 JAN 1948

INDIA POSTAGE

Mohandas Karamchand Gandhi (1869-1948) was a major political and spiritual leader of India. | Mohandas Karamchand Ghandi (1869-1948) était un dirigeant politique et spirituel majeur en Inde. | Mohandas Karamchand Gandhi (1869–1948) was een belangrijk politiek en spiritueel leider van India.

Varanasi, a city of one million inhabitants on the Ganges in northern India, is India's oldest city. As the home of the god Shiva, it is also the most holy place in Hinduism. For over 2,500 years, Hindus have been making pilgrimages to the more than 2,000 temples—and especially to the Vishwanath Temple—as well as to the religious bathing areas and funeral pyres along the Ganges where the devout come to take a ritual bath and cleanse their sins, and to burn their dead on traditional funeral pyres and spread their ashes in the river. The ultimate goal for pious Hindus is to bathe once in the holy river, and later to die and be cremated there.

Ville d'un million d'habitants située dans le nord de l'Inde, *Varanasi* est la plus vieille cité du pays. Baignée par le Gange et résidence mythologique du dieu Shiva, elle est également l'un des lieux saints les plus réputés de l'hindouisme. Depuis plus de 2500 ans, de nombreux hindous espèrent être incinérés à *Varanasi*, et viennent en pèlerinage jusqu'au temple de Vishvanâtha pour assister aux ablutions et crémations qui se succèdent dans la cité funéraire. Car ces fidèles - pour lesquels l'eau du Gange purifie des péchés - y déversent les cendres des morts, brûlés sur les bords du fleuve sacré.

Varanasi, een stad van één miljoen inwoners aan de Ganges in het noorden van India, is de oudste stad van India. Als de bakermat van de god Shiva is ze ook de meest heilige plaats in het hindoeïsme. Al meer dan 2.500 jaar trekken devote hindoes op bedevaart naar de meer dan 2.000 tempels – vooral dan naar de Vishwanath Tempel – en naar de religieuze baadzones en brandstapels langs de Ganges, waar ze een ritueel bad kunnen nemen om hun zonden weg te wassen en hun doden op traditionele brandstapels kunnen verbranden om hun assen vervolgens aan de rivier te geven. Het ultieme doel van vrome hindoes is om eenmaal in hun leven in de heilige rivier te baden en, later, ook hier te sterven en gecremeerd te worden.

The towering stone statue of the Redeemer stands atop the 704-meter Corcovado Mountain, welcoming visitors from Rio de Janeiro with open arms. The Cristo Redentor monument is the second most famous symbol of Brazil after Sugar Loaf Mountain. It was built according to the design of Brazilian engineer Heitor da Silva Costa and opened on October 12, 1931. The statue (with base) is 38 meters tall with an arm span of 28 meters. The base houses a chapel for 150 worshippers. In 2006, the Catholic Church declared the statue a pilgrimage site.

Nichée à 704 mètres d'altitude au sommet de la montagne Corcovado, ce *Christ Rédempteur* aux bras grands ouverts accueille les visiteurs de la baie de Rio de Janeiro. Cette gigantesque statue de pierre compte parmi les symboles du Brésil, au même titre que son voisin, l'illustre Pain de sucre. Imaginée par le Brésilien Heitor da Silva Costa, elle a été inaugurée le 12 octobre 1931. Ses dimensions colossales – trente-huit mètres de hauteur, socle compris, pour vingt-huit mètres d'envergure – lui permettent d'abriter une chapelle dans laquelle cent cinquante personnes peuvent prendre place. Une raison suffisante pour susciter l'intérêt de l'Église catholique, qui en a fait en 2006 un lieu de pèlerinage officiel.

Het torenhoge stenen beeld van de Verlosser staat boven op de top van de 704 meter hoge Corcovado berg en verwelkomt bezoekers met open armen in Rio de Janeiro. Het 'Cristo Redentor' monument is het op een na bekendste symbool van Brazilië, na de Suikerbroodberg. Het werd gebouwd volgens een ontwerp van de Braziliaanse ingenieur Heitor da Silva Costa en onthuld op 12 oktober 1931. Het standbeeld (met sokkel) is 38 meter hoog en heeft een armspanne van 28 meter. De sokkel herbergt een kapel voor 150 gelovigen. In 2006 riep de Katholieke Kerk het monument uit tot een officieel bedevaartsoord.

Mecca in western Saudi Arabia is the birthplace of the Prophet Mohammed and the Muslims' most important place of pilgrimage. Here the faithful can be closest to God, because it's the site of the Kaaba, a windowless, cube-like building covered with a black cloth that stands in the middle of the Great Mosque as a religious symbol commemorating the first temple of God built by Adam and rebuilt by Abraham. Muslims the world over face Mecca when they pray, and 2.5 million Muslims make the pilgrimage to Mecca each year. For many, it's the high point of their lives. Non-Muslims are strictly forbidden to enter the sacred site.

La Mecque, située à l'ouest de l'Arabie Saoudite, est le plus important lieu de pèlerinage de l'Islam. Pour un musulman, s'y rendre, c'est s'approcher de Dieu. C'est ici, à l'intérieur de la Grande Mosquée, que se trouve la *Kaaba*, ce grand cube recouvert d'un voile noir, construit selon la tradition par Ibrahim avec l'aide de son fils ainé Ismaël, puis détruite à l'époque de la jeunesse du prophète Mahomet. Les musulmans du monde entier s'orientent vers *La Mecque* pour prier, et ce sont deux millions et demi d'entre eux qui entreprennent chaque année le grand pèlerinage. Les visiteurs de toute autre confession sont strictement interdits dans l'enceinte du site sacré.

Mekka in het westen van Saoedi-Arabië is de geboorteplaats van de Profeet Mohammed en de belangrijkste bedevaartplaats voor moslims. Hier kan de gelovige het dichtst tot God komen omdat het de plaats is van de Kaaba, een vensterloos, kubusachtig gebouw gehuld in een zwarte doek, dat in het midden van de Grote Moskee staat als een religieus symbool ter ere van de eerste tempel van God, gebouwd door Adam en heropgebouwd door Abraham. Moslims van over de hele wereld keren tijdens het gebed hun gezicht naar Mekka toe en elk jaar trekken zo'n 2,5 miljoen moslims op bedevaart naar Mekka. Voor velen is dit het hoogtepunt van hun leven. Aan niet-moslims is het betreden van de heilige site ten strengste verboden.

Spiders, hummingbirds, spirals and lines—the giant geoglyphs carved into the desert floor can be recognized only from the air. These lines, some of which are absolutely straight and up to 20 kilometers long, take their name from the nearby town of Nazca, Peru. In 1949 the drawings were brought to the world's attention through the efforts of the German mathematician Maria Reiche, who dedicated her life to researching and preserving these images. Their meaning remains unclear to this day, with theories ranging from the astronomical and religious, to conjectures that it was once a gigantic sports arena.

En forme d'araignées, de colibris ou de spirales, les Lignes de Nazca sont des géoglyphes tracés dans le sol du désert, près de la ville de Nazca, au Pérou. Ces figures, dont certaines atteignent une longueur de 20 kilomètres, ne sont visibles que d'avion, et ont été rendues célèbres en 1949 grâce aux travaux de Maria Reiche. Cette géographe allemande, qui a consacré sa vie à l'étude et à la préservation de ces images énigmatiques, n'est cependant pas parvenue à percer tous les secrets du site de Nazca. Ainsi, entre fonctions astronomiques et significations religieuses, de nombreuses hypothèses ont cours pour tenter de justifier l'existence de ces lignes mystérieuses.

Spinnen, kolibries, spiralen en lijnen – de reusachtige geogliefen gekerfd in de woestijngrond zijn enkel vanuit de lucht als dusdanig herkenbaar. Deze lijnen, waarvan er een aantal absoluut recht en tot 20 kilometer lang zijn, danken hun naam aan het nabije stadje Nazca in Peru. In 1949 kwamen ze onder de aandacht van de mensen dankzij de inspanningen van de Duitse wiskundige Maria Reiche, die haar leven wijdde aan het onderzoeken en bewaren ervan. Hun betekenis blijft nog altijd onduidelijk; de theorieën variëren van astronomische en religieuze doeleinden tot gissingen dat dit ooit een gigantische sportarena was.

The term "acropolis" actually means "upper city," and there are several versions from the ancient world, but none as famous as the Acropolis in Athens. Standing on a rock 156 meters above sea level in the center of the old city, it is visible far and wide. It was first inhabited during the Neolithic Era and was converted to a temple area in around 600 BC. After it was destroyed by the Persians, its most famous structures were built under the leadership of Pericles in the mid-fifth century BC: the Parthenon, the Propylaea, the Erechtheum, and the Temple of Athena Nike. Today, the Acropolis of Athens is the national symbol of Greece.

Terme générique signifiant "ville haute" en grec, les acropoles héritées de l'Antiquité sont légions. Celle d'Athènes, sans conteste la plus célèbre d'entre toutes, fut construite vers 600 avant J.-C. sur un site occupé depuis le Néolithique. Le plateau rocheux qui l'accueille est visible de loin, dominant la vieille ville d'Athènes à une hauteur de 156 mètres. Les bâtiments les plus célèbres – le Parthénon, les Propylées, l'Érechthéion et l'Athéna Niké – furent bâtis au temps de Périclès, au milieu du Ve siècle avant J.-C., sur les ruines d'une première série de temples démantelés par les Perses. Aujourd'hui, l'Acropole d'Athènes est un majestueux symbole national pour la Grèce.

De term "acropolis" betekent eigenlijk "hoger gelegen stad"; hiervan zijn er vele voorbeelden uit de antieke oudheid, maar geen enkel is zo beroemd als de Acropolis in Athene. Gebouwd op een rots, 156 meter boven zeeniveau, in het centrum van de oude stad, is de Acropolis van heinde en verre zichtbaar. De eerste bewoning dateert uit het Neolithische Tijdperk en de site werd omgebouwd tot een tempelcomplex rond 600 voor Christus. Nadat het door de Perzen was vernield, werden de belangrijkste gebouwen in de tweede helft van de 5de eeuw voor Christus onder de leiding van Pericles heropgebouwd: het Parthenon, de Propylaeën, het Erechtheion en de Niké Tempel. Vandaag is de Acropolis van Athene het nationale symbool van Griekenland.

Mount Sinai, a 2,285-meter-high mountain on the Sinai Peninsula in Egypt, is one of the holiest places of the three great monotheistic world religions. According to Biblical tradition, Moses received the Ten Commandments from God on Mount Sinai. The sixth-century Monastery of St. Catherine, one of the oldest Christian monasteries in the world, is located at the foot of the mountain and houses a valuable collection of 6,000 manuscripts—whose richness is exceeded only by those of the Vatican Library—and around 2,000 icons, including some of the oldest in existence. Because this monastery is part of Christian, Jewish, and Muslim cultural history, it has never been destroyed.

Le *mont Sinaï*, en Égypte, est un lieu saint commun aux trois grandes religions monothéistes. Culminant à 2285 mètres d'altitude dans la région du Sinaï, il est désigné par la Bible comme le lieu où Moïse a reçu les Dix Commandements de la part de Yahvé. Au pied de la montagne se trouve le monastère Sainte-Catherine, l'un des plus anciens foyers monastiques chrétiens, construit au VIe siècle. Celui-ci accueille la plus riche collection de manuscrits du Vatican, comptant un total d'environ six mille pièces, et une importante série d'icônes, dont certaines passent pour être les plus vieilles au monde. Puisant à la fois dans les traditions judaïques, chrétiennes et musulmanes, le monastère doit certainement son étonnante préservation à ses racines riches et multiples.

De Sinaïberg, een 2.285 meter hoge berg op het Sinaï-schiereiland in Egypte, is een van de meest heilige plaatsen voor de drie grote monotheïstische wereldreligies. Volgens de Bijbel was dit immers de berg waarop Mozes de Tien Geboden van God ontving. Het zestiende-eeuwse mannenklooster van St. Catherine, een van de oudste christelijke kloosters ter wereld, ligt aan de voet van de berg en herbergt een onschatbare collectie van 6.000 manuscripten - in waarde enkel overtroffen door die van de Vaticaanse bibliotheek - en zo'n 2.000 heiligenbeelden, waaronder een aantal van de oudste die er bestaan. Omdat dit klooster deel uitmaakt van de christelijke, joodse én islamitische culturele geschiedenis, werd het nooit vernield.

Located in the French Pyrenees, Lourdes is one of the most famous destinations for Christian pilgrimage in the world. It was here that Mary, Mother of God, appeared for the first time to the 14-year-old peasant girl Bernadette Soubirous on February 11, 1858. Subsequent visitations took place in the grotto, where a spring also appeared whose water is believed to have healing properties. The Catholic Church has recognized 67 doctor-verified miracle healings. Six million pilgrims journey to Lourdes each year in search of comfort and healing. The rampant commercialization of this holy place has been criticized.

Située dans les Pyrénées françaises, *Lourdes* est l'une des plus célèbres destinations de pèlerinage de l'Église chrétienne. C'est ici que, selon la légende, la Vierge est apparue à Bernadette Soubirous le 11 février 1858, alors que la jeune paysanne avait tout juste quatorze ans. Cet événement se serait ensuite reproduit à plusieurs reprises, et une source, jusqu'alors inexistante, aurait même jailli. De cette histoire est issue une croyance, selon laquelle cette source qui coule dans la grotte de *Lourdes* serait pourvue de pouvoirs thérapeutiques. Et en effet, ce ne sont pas moins de soixante-sept guérisons qui ont été constatées par des médecins, aussitôt assimilées à des miracles par l'Église. Désormais, ce sont environ six millions de pèlerins, espérant être guéris ou simplement soulagés de leurs maux, qui se pressent autour du sanctuaire chaque année. Le développement commercial de la ville met néanmoins quelque peu à mal l'élan de dévotion censé conduire l'esprit du lieu...

Gelegen in de Franse Pyreneeën is Lourdes een van de populairste bestemmingen voor Christelijke pelgrims ter wereld. Hier was het dat Maria, de moeder van God, op 11 februari 1858 voor het eerst verscheen aan het 14-jarige plattelandsmeisje Bernadette Soubirous. Later volgden nog meer visitaties in de grot, waar ook een bron verscheen waarvan het water geneeskrachtige eigenschappen zou hebben. De katholieke kerk heeft ondertussen 67 door een arts geverifieerde mirakelgenezingen erkend. Zes miljoen pelgrims trekken elk jaar naar Lourdes op zoek naar troost en genezing. De ongeremde commercialisering van deze heilige plaats stuit daarbij op kritiek.

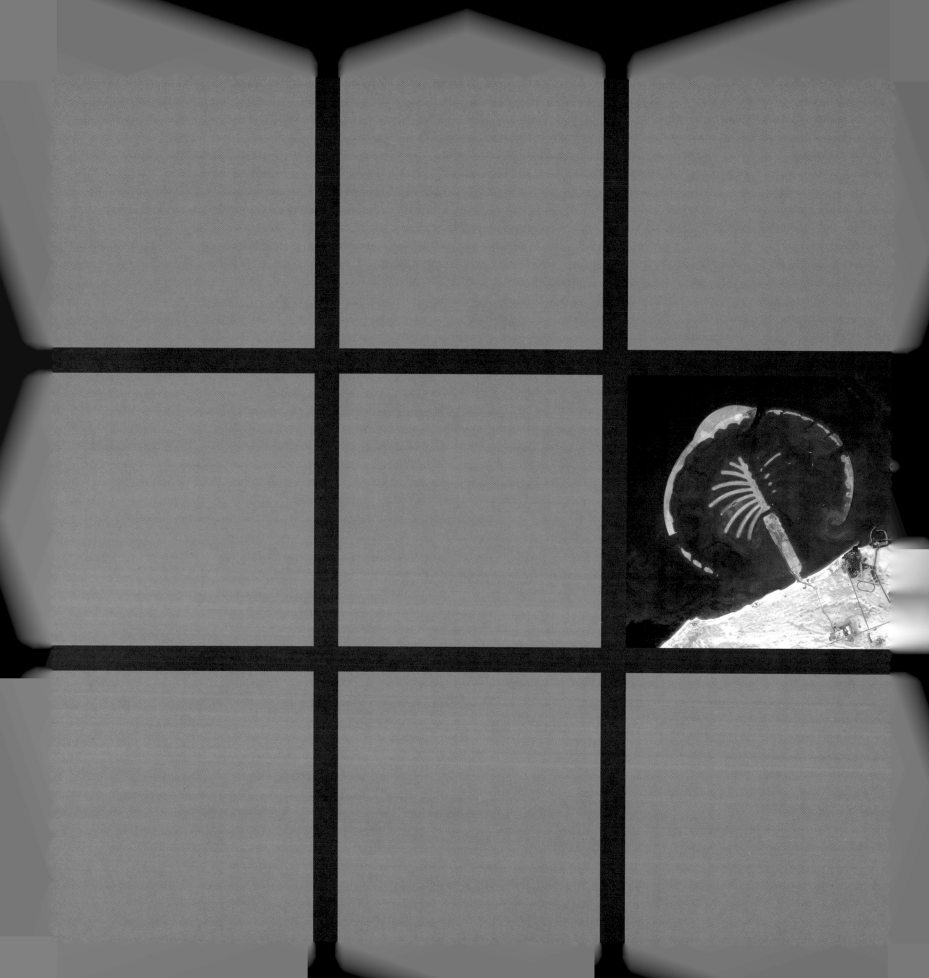

In addition to historical events, marvels of architecture and nature or major events in sports and the media, there are myriad other aspects in life that have left their signature on a given location. Some are the stuff of legends, like the wild sex parties hosted by Playboy publisher Hugh Hefner at his "Playboy Mansion" in L.A., which contributed to the myth behind the famous men's magazine with its foldouts of erotic pictures showing nude "Bunnies". However, the boldness of "Playboy" in bringing sex out into the open remains as unrivaled as the secrecy surrounding the site that houses the world's largest gold reserves. The slogan "as safe as Fort Knox" has become synonymous with top-level security, and Fort Knox, Kentucky, lives up to it in every way with its massive construction and cutting-edge electronic surveillance systems. Meanwhile, those of us who can manage without the gold of Fort Knox and still have money to burn like to go on an extensive shopping trip to London's finest department store, Harrods. It's the third most popular destination spot in the British capital after Parliament and Big Ben. In fact, you don't even need money to enjoy strolling through the departments of this famous shopping Mecca.

Les lieux historiques, les chefs-d'œuvre de l'architecture, les merveilles de la nature et les grands événements sportifs ou médiatiques ne sont pas les seuls à attirer les foules ; les lieux cultes sont aussi parfois inattendus voire excentriques, à l'image de la vie. La Playboy Mansion par exemple, située près de Los Angeles, est une villa célèbre pour les soirées très sexy qui y sont organisées par Hugh Hefner, le fondateur du magazine *Playboy*. À l'opposé de ses *bunnies* qui n'ont rien à cacher et dévoilent leur nudité dans la presse masculine, on pourrait citer l'exemple du lieu discret par excellence : Fort Knox. C'est là que sont entreposées les réserves d'or des États-Unis. Cette forteresse du Kentucky passe pour être le lieu le plus sécurisé au monde, ce qui est probablement vrai si l'on en juge par l'apparence massive des bâtiments et les équipements de haute technologie qui en contrôlent l'accès. Et si, sans avoir besoin de tout l'or de Fort Knox, vous disposez malgré tout d'une somme rondelette, vous pouvez toujours aller faire du shopping chez Harrods, le magasin le plus chic de Londres. Ce temple de la consommation compte, après le Parlement et Big Ben, parmi les lieux les plus visités de la capitale britannique.

Naast historische gebeurtenissen, prachtige staaltjes van architectuur, wonderen der natuur of plekken geassocieerd met belangrijke sport- en media-evenementen, zijn er nog talloze andere aspecten in het leven die hun signatuur aan een bepaalde locatie hebben gegeven. Sommige zijn het toneel van legendes, zoals de "Playboy Mansion" van uitgever Hugh Hefner in L.A., waar wilde seksorgieën plaatsvonden die bijdroegen tot de mythe achter het beroemde mannenblad met zijn uitvouwbare erotische prenten met naakte "Bunnies". De vrijpostige wijze waarop "Playboy" seks in de openbaarheid bracht, blijft even ongeëvenaard als de geheimen die rondom de locatie hangen waar 's werelds grootste goudreserves worden bewaard. De slogan "veilig als Fort Knox" staat voor de hoogst mogelijke veiligheid en Fort Knox, Kentucky, voldoet wat dit betreft aan alle verwachtingen dankzij zijn massieve constructie en vooruitstrevende elektronische bewakingssystemen. Wie zonder het goud van Fort Knox kan en nog wat geld uit te geven heeft, kan altijd eens gaan shoppen in chicste warenhuis van Londen. Harrods is de derde belangrijkste bestemming in de Britse hoofdstad, na het Parlement en Big Ben, en het mooie is: gewoon wat ronslenteren doorheen de vele afdelingen van dit beroemde shoppingwalhalla is ook al leuk en hoeft je helemaal niets te kosten.

SPECIAL INTERESTS | INTERETS DIVERS | VARIA

Once the Beatles' hangout, the Cavern Club continues to be the hippest live music club in Liverpool. From 1961 to 1963, the Beatles gave a total of 292 performances in this narrow, arched cellar modeled on French jazz clubs. Other Beat bands of the 60's also launched their careers in the Cavern Club, including The Kinks, The Rolling Stones, and The Who. The music scene gradually migrated to London, and the Cavern Club finally closed in 1973. It was later torn down, but was rebuilt in 1984, true to the original and even using many of the bricks from the old club.

Après le passage des Beatles, le *Cavern Club* est devenu le lieu le plus branché de Liverpool. Les "Fab Four" se sont produits deux cent quatre-vingt-douze fois entre 1961 et 1963 dans le décor voûté de ce modeste sous-sol inspiré des boîtes de jazz de Saint-Germain-des-Prés. Les Kinks, les Who et les Rolling Stones y ont également débuté leur carrière, avant que Londres ne devienne la capitale musicale de l'Angleterre. Le *Cavern Club* a été démoli peu de temps après sa fermeture, en 1973, pour être finalement reconstruit à l'identique en 1984, sur les vestiges du club d'origine.

De Cavern Club, ooit de pleisterplaats van de Beatles, is nog altijd een van de hipste clubs van Liverpool waarin livemuziek gespeeld wordt. Van 1961 tot 1963 gaven de Beatles in totaal 292 optredens in deze smalle, gewelfde kelder, gebouwd naar het model van Franse jazzclubs. Ook andere beatbands van de jaren '60 lanceerden hun carrière in de Cavern Club, waaronder The Kinks, The Rolling Stones en The Who. De muziekscène trok echter geleidelijk aan naar Londen en de Cavern Club sloot haar deuren in 1973. Ze werd later afgebroken, maar heropgebouwd in 1984, trouw aan het origineel en zelfs met gebruik van veel van de stenen van de oude club.

The Kennedy Space Center (KSC) on Florida's Merritt Island is NASA's spaceport. Since December 1968, all manned U.S. space flights have been launched from the KSC, starting with the Apollo missions and, as of 1981, continuing with the Space Shuttles. The first manned moon mission in which astronaut Neil Armstrong became the first person to walk on the moon was still launched from Cape Canaveral on the neighboring island on July 16, 1969. The main tourist attractions are the launch pads, the shuttle landing strip, the KSC space museums, and even the opportunity to watch a launch.

Le *Kennedy Space Center* (KSC), situé à Merritt Island en Floride, est le centre historique de la NASA. C'est d'ici que, depuis décembre 1968, partent tous les vols américains, des légendaires "missions Apollo" aux navettes spatiales les plus modernes. C'est cependant depuis la base de Cap Canaveral que fut lancée la mission de Neil Armstrong, le 16 juillet 1969, faisant de lui le premier homme à marcher sur la Lune. Le site accueille désormais de nombreux touristes, qui viennent visiter les rampes de lancement, la piste d'atterrissage et le musée du KSC.

Het Kennedy Space Center (KSC) op Merritt Island in Florida is het ruimtevaartcentrum van NASA. Sinds december 1968 zijn alle bemande Amerikaanse ruimtevluchten vanuit het KSC gelanceerd, te beginnen met de Apollomissies en vanaf 1981 ook de Space Shuttles. De eerste bemande vlucht naar de maan, die van astronaut Neil Armstrong de eerste persoon maakte om op de maan te lopen, werd nog gelanceerd van op Cape Canaveral op het naburige eiland, op 16 juli 1969. De belangrijkste toeristische attracties zijn de lanceerplatformen, de landingsstrook van de shuttles, de KSC ruimtevaartmuseums en, uiteraard, de mogelijkheid om een lancering bij te wonen.

SPECIAL INTERESTS | INTERETS DIVERS | VARIA

The surfer's ultimate paradise is Hawaii or, to be more precise, the north side of the island of Oahu. From October to April, winter storms over the Pacific drive the highest waves onto the North Shore Beach, a meeting place for wave riders from all over the world. Some of these monster waves are several stories high and riding in the curl is a life-threatening venture even for the pros. From late November to mid-December, during the peak season, the famous Triple Crown of Surfing takes place at Banzai Pipeline, Sunset Beach, and Ali'i Beach Park.

Les surfers ont leur paradis. Il est situé dans l'archipel d'Hawaï, sur la côte nord de l'île d'Oahu. D'octobre à avril, ce sont les violentes tempêtes soufflant sur le Pacifique qui provoquent les vagues gigantesques qui font la popularité de la région. Certains rouleaux, hauts comme des maisons, sont extrêmement dangereux, même pour les sportifs les plus expérimentés. Pendant la saison haute, de novembre à décembre, se déroule le célèbre championnat "*Triple Crown of Surfing*", transformant les plages de Banzai Pipeline, Sunset Beach et Ali'i Beach Park en de véritables terrains de jeu.

Het ultieme surfparadijs is Hawaï, of meer precies, de noordzijde van het eiland Oahu. Van oktober tot april drijven stormen over de Grote Oceaan de hoogste golven naar het North Shore Beach, een ontmoetingsplaats voor surfers uit de hele wereld. Een aantal van deze monstrueuze golven zijn meerdere verdiepingen hoog en in de schuimkrul rijden, is zelfs voor professionals een levensgevaarlijke onderneming. Van eind november tot half december, het absolute piekseizoen, wordt de beroemde 'Triple Crown of Surfing' georganiseerd aan Banzai Pipeline, Sunset Beach en Ali'i Beach Park.

Occupying a mere 202 hectares, the Principality of Monaco, located on the French Riviera near the Italian border, is the second smallest city-state in the world after the Vatican, and has been ruled continuously by the Grimaldi family since the fifteenth century. The old city of Monaco, including the Prince's Palace, the Monaco's Cathedral, and the Oceanographic Museum, stands on a high rocky promontory that extends out into the sea and is known to Monégasques as "le Rocher." The exclusive natural harbor below the Rock accommodates the mega-yachts of the super rich, who are drawn to Monaco as a tax haven, and by the famous casino in Monte Carlo.

Située sur la Côte d'Azur près de la frontière italienne, la *principauté de Monaco* occupe une superficie de 202 hectares, ce qui en fait le plus petit État au monde après le Vatican. Gouvernée sans interruption par la famille Grimaldi depuis le XVe siècle, la cité monégasque s'est rendue célèbre grâce à ses casinos, particulièrement nombreux dans le quartier de Monte Carlo. La vieille ville, qui loge le palais princier, la cathédrale de Monaco et le musée océanographique, est construite sur une presqu'île que les Monégasques ont surnommée "Le Rocher". En contrebas se trouve le port de Monaco, un endroit mondain qui accueille les yachts de personnalités de prestige.

Nauwelijks 202 hectaren groot, is het Prinsbisdom Monaco, gelegen aan de Franse Rivièra dicht bij de Italiaanse grens, de tweede kleinste stadsstaat ter wereld na Vaticaanstad. Al sinds de vijftiende eeuw wordt Monaco permanent bestuurd door de Grimaldifamilie. De oude stad, inclusief het Prinselijk Paleis, de Kathedraal van Monaco en het Oceanografisch Museum, rust op een hoge rotsachtige klip die boven de zee uitsteekt en door de Monegasken "le Rocher" genoemd wordt. De volkomen natuurlijke haven onder de Rots fungeert als aanlegplaats voor de megajachten van de superrijken die hierheen trekken om fiscale redenen en … voor het beroemde casino van Monte Carlo.

SPECIAL INTERESTS | INTERETS DIVERS | VARIA

Prince Rainier III of Monaco and Princess Grace with their children, Prince Albert, Princess Caroline and Princess Stéphanie in April 1966. |
Le Prince Rainier III de Monaco et la Princesse Grace avec leur enfants, le Prince Albert, la Princesse Caroline et la Princesse Stéphanie en avril 1966. |
Prins Rainier III van Monaco en Prinses Grace met hun kinderen, Prins Albert, Prinses Caroline en Prinses Stéphanie, in april 1966.

New York's Times Square is like one big billboard in the center of Manhattan's theater district, surrounded by gigantic screens, scrolling marquees, and illuminated signs, and home to around forty theaters, restaurants, cafés, and hotels. Since 1928, stock prices have been displayed on the Times Ticker, which was later joined by huge video screens for projecting news stories and presidential elections. After suffering an occasional decline in the 1950's and 60's, the neighborhood is thriving once again. Hundreds of thousands of people gather in front of the Times Building every New Year's Eve to watch the "ball drop" that marks the new year.

Réputé pour son animation bouillonnante, ce carrefour de Manhattan inondé de panneaux publicitaires héberge une quarantaine de théâtres, ainsi que de nombreux cafés, restaurants et hôtels. Aujourd'hui, les écrans géants ont remplacé les pancartes ; suivant une tradition datant de 1928, on y affiche les actualités chaudes, tels que les cours de la Bourse ou le résultat des élections présidentielles. Après une période de désaffection au cours des années 1950 et 1960, Times Square a été rénové, recouvrant sa splendeur d'autrefois. Chaque année, pour célébrer la Saint Sylvestre, plusieurs centaines de milliers de personnes affluent sur la place mythique, y attendant que le *Waterford Crystal* soit lancé à minuit pile du haut du bâtiment qui abrite les bureaux du *New York Times*.

Het New Yorkse Times Square, dat met zijn gigantische schermen, elektronische reclamepanelen en verlichte naamborden wel één groot reclamebord lijkt in het midden van het theaterdistrict van Manhattan, herbergt een 40-tal theaters, restaurants, cafés en hotels. Sinds 1928 worden ook de aandeelkoersen getoond op de 'Times Ticker', later nog vergezeld door enorme videoschermen voor het projecteren van nieuwsverhalen en presidentsverkiezingen. Na een occasioneel verval in de jaren 1950 en '60 is de buurt weer helemaal opgebloeid. Honderdduizenden mensen komen hier jaarlijks op oudejaarsavond samen voor Times Building om de grote bol te zien dalen die de komst van het nieuwe jaar aankondigt.

Times Square view looking south from 45th St. in November 1948. | Vue du sud de Times Square depuis la 45e Rue en novembre 1948. | Zicht op Times Square met de blik gericht naar het zuiden vanuit 45th Street in november 1948.

Times Square view looking north in December 1946. | Vue du nord de Times Square en décembre 1946. | Zicht op Times Square met de blik gericht naar het noorden in december 1946.

Born in 1926, Hugh Hefner achieved fame through his men's magazine Playboy and the scantily clad "bunnies" within its pages. Playboy Mansion, his home in the Holmby Hills area of Los Angeles, became just as famous. The almost 2,000-square-meter, Tudor-style villa sits on two hectares and has over 22 bedrooms. In the 1970's especially, its notorious grotto was the site of Hefner's wild parties with future Playmates. It also offers a variety of other diversions, such as tennis courts, a swimming pool, and a private zoo.

Né en 1926, Hugh Hefner est devenu célèbre en fondant le magazine *Playboy*, bien connu pour ses *"bunnies"* légèrement vêtues. La *Playboy Mansion*, sa propriété située à Holmby Hills, près de Los Angeles, jouit incontestablement de la même notoriété que son propriétaire. Entourée d'un parc de deux hectares, cette exceptionnelle villa construite dans le style Tudor couvre environ 2000 mètres carrés et dispose de plus de vingt-deux chambres à coucher. Des soirées mémorables y ont été organisées dans les années 1970, notamment dans la fameuse "grotte", avec comme invitées privilégiées les postulantes au titre de *"playmate"*. Une piscine, un zoo et un terrain de tennis sont aussi disponibles dans la propriété – histoire, tout de même, de ne pas se cantonner à un registre unique...

Hugh Hefner, geboren in 1926, werd beroemd door zijn mannenblad Playboy en de schaars geklede "bunnies" op de binnenpagina's hiervan. De Playboy Mansion, zijn thuis in het Holmby Hills district van Los Angeles, werd al even legendarisch. De bijna 2.000 vierkante meter grote villa in Tudorstijl staat op een lap grond van twee hectaren en telt meer dan 22 slaapkamers. Vooral in de jaren 70 van de vorige eeuw was de beruchte grot op het domein de locatie van Hefners wilde feestjes met toekomstige Playmates. De villa biedt ook een hele reeks andere ontspanningsmogelijkheden zoals tennisterreinen, een zwembad en een privédierentuin.

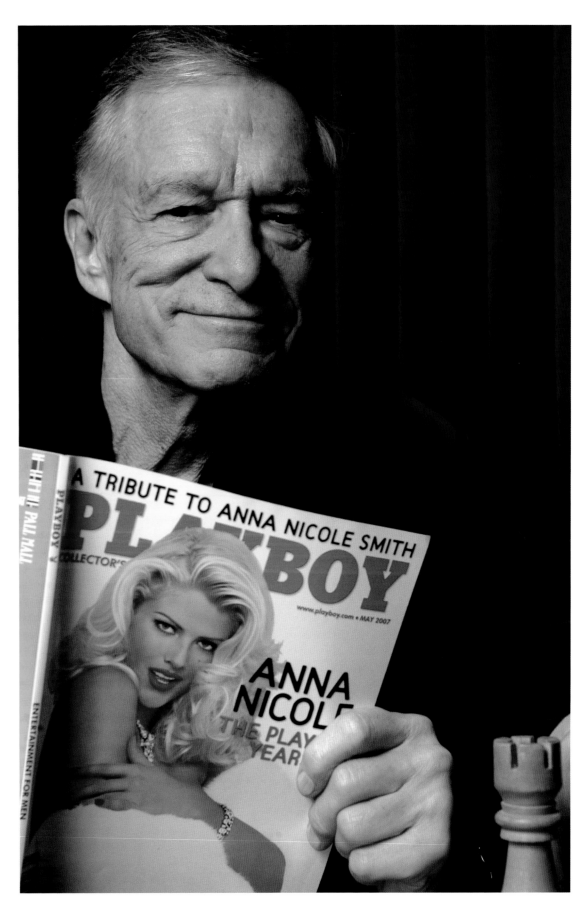

Since Playboy's creation, "Hef" doesn't go anywhere without his "bunnies". | Depuis la création de *Playboy*, "Hef" ne se déplace pas sans ses "*bunnies*". | Sinds de creatie van Playboy, gaat "Hef" nergens meer naartoe zonder zijn "bunnies".

The Aerospace Maintenance and Regeneration Center (or AMARC for short) in Tucson, Arizona, is the central storage facility for inoperative aircraft from all branches of the U.S. military and many national agencies. It also has the reputation—not entirely justified—of being a giant aircraft boneyard. In fact, many of the aircraft are restored and returned to active service. Arizona's dry desert climate is ideal for long-term storage. About 4,400 aircraft are carefully stored or scavenged for spare parts, while older machines await scrapping. AMARC's origins go back to 1946, when many airplanes were retired after World War II.

Situé près de Tucson, l'*Aerospace Maintenance and Regeneration Center* – ou "AMARC" – est utilisé par l'US Air Force et plusieurs agences fédérales américaines pour l'entretien de leur matériel. Actif depuis 1946, le centre est un héritage de la Seconde Guerre mondiale, conçu à l'origine pour prendre en charge les nombreux avions devenus inutiles après le conflit. Parfois considéré à tort comme un gigantesque cimetière, il est au contraire un lieu idéal pour le stockage prolongé des appareils grâce au climat désertique de l'Arizona. En réalité, un grand nombre de machines reprennent du service après leur séjour à l'AMARC, et les quelque quatre mille quatre cents autres avions entreposés ici permettent la fourniture de pièces détachées. Seuls les plus anciens finissent effectivement leurs jours au milieu du désert, en attendant de rejoindre la casse.

Het Aerospace Maintenance and Regeneration Center (of kortweg AMARC) in Tucson, Arizona is de centrale opslagplaats voor niet-operationele vliegtuigen uit alle takken van het Amerikaanse leger en vele nationale luchtvaartmaatschappijen. Hoewel het de niet helemaal terechte reputatie heeft van een reusachtig vliegtuigkerkhof, worden vele vliegtuigen hier in feite hersteld voor een terugkeer naar de actieve dienst. Ongeveer 4.400 luchtvaartuigen worden er zorgvuldig opgeslagen of gedemonteerd voor reserveonderdelen terwijl oudere machines de schroothoop wacht. AMARC werd opgestart in 1946 toen na Wereldoorlog II vele vliegtuigen op rust werden gesteld. Het droge woestijnklimaat van Arizona is ideaal voor de langdurige opslag.

In the 1964 film "Goldfinger," James Bond prevents the titular villain from detonating a nuclear device inside Fort Knox and thus rendering the gold reserves radioactive. Fort Knox is a U.S. Army post in Kentucky that is known for being the secure depository for most of America's gold reserves. The Fort is highly secured structurally, technically, and electronically, as well as by some 10,000 soldiers stationed there. The steel vault door alone weighs over 20 tons and can be opened only by entering a combination made up of several codes that are partially known by several different people who must enter them independently of one another.

En 1964, dans le film *Goldfinger*, James Bond parvient à sauver les réserves d'or américaines d'une contamination par ondes radioactives. Dans la réalité, *Fort Knox* est effectivement une base militaire du Kentucky où est conservée une grande partie des lingots d'or du pays. Hautement sécurisée, elle bénéficie d'un dispositif de défense mécanique et électronique très complet, ainsi que d'une garnison de dix mille soldats chargée de sa surveillance. La porte d'entrée, par exemple, est constituée d'une masse de 20 tonnes d'acier, et ne peut s'ouvrir qu'à l'aide d'une combinaison secrète détenue partiellement par différentes personnes.

In de film "Goldfinger" uit 1964 weet James Bond te verhinderen dat de schurk uit de titel een nucleair apparaat binnen in Fort Knox tot ontploffing zou brengen en op die manier de goudreserves radioactief zou maken. Fort Knox is een Amerikaanse legerpost in Kentucky die gekend is als de opslagplaats voor het grootste deel van de goudreserves van de Verenigde Staten. Het fort is zeer streng beveiligd, zowel structureel, technisch als elektronisch en ook nog eens door de ongeveer 10.000 soldaten die hier gestationeerd zijn. De stalen kluisdeur weegt meer dan 20 ton en kan alleen worden geopend met behulp van een combinatie van meerdere codes die door verschillende mensen slechts gedeeltelijk gekend zijn en onafhankelijk van elkaar ingevoerd moeten worden.

The facade is lit by 11,500 light bulbs. |
La façade est illuminée de 11 500 ampoules. |
De gevel wordt verlicht door 11.500 gloeilampen.

Charles Henry Harrod founded Harrods in 1849. |
Charles Henry Harrod fonda Harrods en 1849. |
Charles Henry Harrod stichtte Harrods in 1849.

Mohamed Al Fayed bought Harrods in March 1985. |
Mohamed Al Fayed a acheté Harrods en mars 1985. |
Mohamed Al Fayed kocht Harrods in maart 1985.

The venerable Harrods in London is among the oldest and largest luxury department stores in the world. In addition to its fantastic range of goods, the impressive architecture also makes this temple of commerce a worthy attraction. With over 90,000 square meters of selling space in 330 departments, shopping is a special treat for the up to 300,000 customers who enter each day to visit, for example, the Food Hall with its art nouveau decor. A more recent attraction is the memorial fountain built by owner Mohamed Al Fayed to commemorate his son Dodi and Princess Diana.

Véritable institution londonienne, *Harrods* compte parmi les plus grands et les plus anciens magasins de luxe au monde. Son architecture, tout comme l'incroyable diversité des produits qu'on y trouve, en font une curiosité de la capitale britannique. Dans les 90 000 mètres carrés de la boutique, trois cent mille personnes se croisent chaque jour, et parcourant les trois cent trente rayons mis à leur disposition. Récemment, le propriétaire du bâtiment, Mohamed Al-Fayed, y a fait érigé un monument à la mémoire de Dodi Al Fayed, son fils, et de sa fiancée, la Princesse Diana.

Het eerbiedwaardige Harrods in Londen is een van de oudste en grootste luxewarenhuizen ter wereld. Naast het fantastische aanbod aan goederen, maakt ook de indrukwekkende architectuur een echte attractie van deze handelstempel. Met meer dan 90.000 vierkante meter verkoopruimte, verdeeld over 330 afdelingen, is shoppen hier een waar feest voor de nagenoeg 300.000 klanten die hier elke dag over de vloer komen. Zo is de "Voedingshal" met zijn art nouveau decor bijvoorbeeld wereldberoemd. Een meer recente attractie is de gedenkfontein die eigenaar Mohamed Al Fayed liet bouwen ter nagedachtenis aan zijn zoon Dodi en Prinses Diana.

Greenwich is not only a district of London but, to a certain extent, it's also the center of time and space for our planet. As the starting point for the Prime Meridian, its local observatory is the reference point for the coordinates on world maps. Greenwich Mean Time (GMT) is based on the mean solar time at 12 noon at the Prime Meridian. From 1884 to 1928, this was the world's standard time. It was then replaced by the GMT-based but more accurate UTC (Coordinated Universal Time), which is now the reference time that determines the earth's time zones.

Greenwich ne se contente pas d'être un quartier de Londres. Sorte d'aiguilleur de l'espace et du temps sur la Terre, c'est le point de passage du méridien zéro qui sert de base pour le calcul de la longitude sur toutes les cartes géographiques au monde. L'observatoire qu'il accueille se réfère à la position du soleil à midi au-dessus de Greenwich pour déterminer l'heure GMT ("*Greenwich Mean Time*"), cette mesure de temps universelle valable entre 1884 et 1928. Remplacée désormais par l'échelle UTC ("*Coordinated Universal Time*"), elle lui a cependant léguée sa mission, à savoir servir de base à la définition des fuseaux horaires qui divisent la planète.

Greenwich is niet alleen een Londense wijk maar, tot op zekere hoogte, ook het middelpunt van tijd en ruimte voor onze planeet. Als startpunt voor de nulmeridiaan is het lokaal observatorium het referentiepunt voor de coördinaten op wereldkaarten. Greenwich Mean Time (GMT) is gebaseerd op de middelbare zonnetijd om 12 uur 's middags op de nulmeridiaan. Van 1884 tot 1928 was dit de standaardtijd van de wereld. Toen werd ze vervangen door de hierop gebaseerde, maar meer accurate UTC (gecoördineerde universele tijd), die nu de referentietijd is die de tijdzones op aarde bepaalt.

At one time, over 1,000 strange sculptures, tall as houses and carved out of tufa, are supposed to have stood all around the coast of Easter Island, the easternmost Polynesian island in the southeast Pacific. Only a few of the figures, called moai, remain undamaged. These moai have left us with many puzzles, and to this day their significance is not clear. They can most probably be interpreted as representing ancestors and mediators between this world and the next. The island was given its official name by the Dutchman Jakob Roggeveen, who discovered it on Easter Sunday in 1722.

Plus de mille statues en tuf parcouraient autrefois l'*île de Pâques*, découverte dans le Pacifique Sud par le navigateur hollandais Jakob Roggeveen le lundi de Pâques de l'an 1722. De la taille d'une maison, ces "moaïs", bien que sévèrement détériorés, sont emblématiques de l'archipel polynésien. Leur origine est une source inépuisable d'hypothèses et à ce jour, ils ont conservé tous leurs mystères. Les chercheurs semblent néanmoins s'accorder pour les définir comme des instruments du culte des ancêtres, fonctionnant comme des intermédiaires entre la Terre et l'Au-delà.

Op een bepaald ogenblik zouden meer dan 1.000 vreemde sculpturen, zo hoog als huizen en uitgesneden uit tuftsteen, langs de hele kustlijn van Paaseiland gestaan hebben. Slechts een beperkt aantal van deze figuren, "moai" genoemd, zijn onbeschadigd gebleven. Deze moai hebben ons achtergelaten met vele vragen en tot op vandaag is hun betekenis niet echt duidelijk. Wellicht moeten ze worden geïnterpreteerd als een voorstelling van de voorouders van de makers en als bemiddelaars tussen deze wereld en de volgende. Paaseiland, het meest oostelijke Polynesische eiland in de zuidoostelijke Grote Oceaan, kreeg zijn officiële naam van de Nederlander Jakob Roggeveen, die het ontdekte op paaszondag 1722.

Both nationally and internationally, Oxford University is always ranked among the top universities, often in competition with nearby Cambridge. Oxford is Britain's oldest university. Its roots date back to the local monastic schools from the twelfth century. Women weren't admitted until 1908, and couldn't take a degree comparable to that of their male colleagues until 1920. Many prominent figures, including six kings, five presidents, 46 Nobel laureates, and 25 prime ministers have enjoyed an excellent education at this elite university.

Au niveau national comme international, l'*Université d'Oxford* compte parmi les établissements les plus réputés aux côtés de Cambridge. Fondée au XIIᵉ siècle comme école monastique, elle est la plus ancienne des facultés britanniques. Les femmes, non admises jusqu'en 1908, n'ont pu prétendre aux mêmes diplômes que leurs homologues masculins qu'après 1920. De nombreuses personnalités – parmi lesquelles six rois, cinq présidents, quarante-six prix Nobel et vingt-cinq Premiers ministres britanniques – ont bénéficié de son enseignement d'excellence.

Zowel nationaal als internationaal behoort de Universiteit van Oxford tot de topuniversiteiten, vaak in competitie met Cambridge. Oxford is de oudste universiteit van Groot Brittannië. Haar roots gaan terug naar de lokale monnikenscholen uit de twaalfde eeuw. Vrouwen werden pas toegelaten vanaf 1908 en konden pas vanaf 1920 een diploma behalen dat gelijkwaardig was aan dat van hun mannelijke collega's. Vele prominente figuren, waaronder zes koningen, vijf presidenten, 46 Nobelprijswinnaars en 25 eerste ministers kregen hun opleiding aan deze elite-universiteit.

Walt and Lillian Disney with his creation creation, Mickey Mouse, June 1935. | Walt et Lillian Disney avec leur création, Mickey Mouse en juin 1935. | Walt en Lillian Disney met zijn creatie, Mickey Mouse, in juni 1935.

Walt Disney World's grand opening ceremony parade in Orlando, Oct. 25, 1971. | La parade de la grande cérémonie d'ouverture de Disney World à Orlando le 25 octobre 1971. | De grote openingsceremonieparade van Walt Disney World in Orlando op 25 oktober 1971.

Every kid knows Mickey Mouse and Donald Duck. They were created by cartoonist Walt Disney, whose company established the world's largest and most visited amusement park, the "Walt Disney World Resort," on 15,000 hectares near Orlando, Florida. Since 1971, grownups and children alike have been flooding the four gigantic theme parks and two water parks. The resort even has its own currency, which is valid for all attractions and in all the many restaurants and businesses. The main attractions include a daily parade of Disney characters and a fireworks display above the Cinderella Castle.

Tous les enfants connaissent les noms de Mickey Mouse et de Donald Duck. Ces personnages ont été créés par le dessinateur Walt E. Disney, dont la compagnie s'est transformée en un demi siècle en une référence de l'industrie des loisirs. Situé en Floride, le *Walt Disney World Resort* couvre une surface de quinze mille hectares. Il est à ce titre le plus grand complexe de loisirs au monde, mais aussi le plus visité. Ouverts en 1971, ses quatre parcs thématiques et ses deux domaines aquatiques attirent nombre d'enfants et d'adultes. Une monnaie spéciale a même été initiée pour prendre en charge les dépenses des visiteurs dans les nombreux restaurants et boutiques mis à leur disposition. La parade des personnages Disney, ainsi que le feu d'artifice sur le château de Cendrillon, comptent parmi les attractions quotidiennes les plus appréciées dans "le Monde de Disney".

Elk kind kent Mickey Mouse en Donald Duck. Ze werden gecreëerd door cartoonist Walt Disney, wiens onderneming 's werelds grootste en meest bezochte pretpark opende op een terrein van 15.000 hectaren in de buurt van Orlando, Florida. Sinds 1971 trekken hele hordes volwassenen en kinderen naar de vier gigantische themaparken en de twee waterparken van het "Walt Disney World Resort". Het resort heeft zelfs haar eigen munteenheid, die geldig is voor alle attracties en in de vele restaurants en winkels. Tot de hoofdattracties behoren een dagelijkse parade van Disneypersonages en het vuurwerkspektakel boven het Kasteel van Assepoester.

The Chateau d'Yquem's vineyard extends to 113 hectares on top of Sauternes appellation. | Le vignoble du Château d'Yquem s'étend sur 113 hectares au sommet de l'appellation Sauternes. | Met zijn 113 hectaren grote wijngaard staat Chateau d'Yquem voor de topkwaliteit van de Sauternes-streek.

The very mention of the name causes wine enthusiasts' mouths to water. The Chateau d'Yquem Winery in Sauternes near Bordeaux, France, is one of the most famous vineyards in the world. Their select sweet white wines are also among the most expensive, and sell for record prices. Picking methods at Yquem are unique. Selecting only grapes that have reached an ideal botrytised condition. It is essential for the grapes to be picked at the ideal stage of over ripeness: 20°potential alcohol. On average, it takes 5 to 6 waves of picking. In bad vintages, the winery prefers to forego production until the following year and lose millions in revenue, rather than disappoint the high expectations of their customers. A bottle from 2007 can be purchased for a few hundred euros, while a bottle from 1870 costs 22,000 euros!

Situé près de Sauternes dans le Bordelais, le domaine du *Château d'Yquem* produit un prestigieux nectar. Ce vin blanc liquoreux, parmi les plus chers au monde, se distingue par sa méthode de récolte unique. Le cultivateur, effectuant sa cueillette en cinq ou six passages en moyenne, ne sélectionne en effet que les grains de raisin ayant atteint le niveau de pourriture noble idéal, au moment exact de sur-maturité : 20° d'alcool potentiel ; il n'hésite pas non plus à déclasser la totalité de sa récolte lorsqu'il juge un millésime médiocre. Un gage de qualité qui vaut son prix : comptez quelques centaines d'euros la bouteille ! L'ancienneté, cependant, est un autre critère à prendre en considération pour l'amateur souhaitant acquérir un Château Yquem... Un millésime 1870, devenu particulièrement recherché, peut atteindre la somme de 22 000 euros !

Alleen al het vermelden van de naam doet wijnliefhebbers watertanden. Chateau d'Yquem in Sauternes dichtbij Bordeaux, Frankrijk, is een van de beroemdste wijngaarden ter wereld. Hun selecte zoete witte wijnen behoren tot 's werelds duurste en worden aan recordprijzen verkocht. De plukmethoden bij Yquem zijn uniek. Er worden alleen druiven geselecteerd die het ideale stadium van edele rotting hebben bereikt. Het is van essentieel belang dat de druiven op het juiste moment van overrijpheid worden geplukt, bij een potentieel alcoholgehalte van 20°. Gemiddeld vergt dit 5 tot 6 plukgolven. In slechte wijnjaren verkiest het wijnhuis om aan de productie te verzaken en zo miljoenen aan inkomsten te verliezen, veeleer dan de hoge verwachtingen van haar klanten niet te kunnen inlossen. Een fles uit 2007 kan worden gekocht voor een paar 100 euro, een fles uit 1870 kost 22.000 euro!

SPECIAL INTERESTS | INTERETS DIVERS | VARIA

Since its opening in 1997, Colette, the cool shop on the chic Parisian street Rue Saint-Honoré, refuses established clichés. Colette is trends boutique, art gallery, music store, event venue and bar at the same time: a luxury lifestyle temple with exquisite and fancy brands as well as its own labels. In addition to the distribution of luxury brands Colette especially promotes young artists, designers and musicians whose creations are presented and sold in the extraordinary shop.

Depuis son ouverture en 1997 dans la prestigieuse rue Saint-Honoré, cette boutique parisienne évite soigneusement les clichés. À la fois bar, galerie d'art, magasin de musique et espace de performances, *Colette* est avant tout un temple du luxe, proposant des articles haut de gamme signés par la maison ou commercialisés par de grandes marques. Le lieu se démarque également par l'accueil qu'il réserve aux jeunes artistes, stylistes et musiciens, dont il soutient le travail en leur ouvrant son cadre exceptionnel pour présenter leurs créations.

Al van bij de opening in 1997 weigert Colette, de coole shop in de chique Parijse Rue Saint-Honoré, te beantwoorden aan clichés. Colette is een trendy boetiek, kunstgalerie, muziekwinkel, evenementenruimte en bar tegelijk: een luxueuze lifestyletempel met exquise en hippe merken en ook eigen labels. Naast de verdeling van luxemerken promoot Colette vooral ook jonge artiesten, designers en musici, wiens creaties in de buitengewone shop voorgesteld en verkocht worden.

The sneaker wall. | Le mur de baskets. | De sneakerwand.

SPECIAL INTERESTS | INTERETS DIVERS | VARIA

Molecular gastronomy, a relatively new and completely novel style of food preparation, has found its way into haute cuisine. The inventor of this revolutionary cooking style so highly regarded by gourmets is super-chef Ferran Adrià of the famous El Bulli restaurant, which has been voted the world's best restaurant multiple times. The recipes for dinners consisting of up to 32 courses are created in his "cooking laboratory," where Adrià uses a scientific approach and high-tech methods taken from medicine and chemistry to produce vegetable jam, hot ice cream, and olive oil candies. The preparation is so time-consuming and labor-intensive that only one menu is offered each season. Nevertheless, around two million diners vie for the 8,000 reservations available per season.

La cuisine moléculaire est une spécialité relativement jeune, mais qui a déjà conquis ses lettres de noblesse. Inventée par Ferran Adrià, qui exerce ses talents en Catalogne, elle fait les beaux jours du célèbre restaurant *El Bulli*, déjà titré "meilleur restaurant au monde" à plusieurs reprises. Le chef cuisinier élabore ses menus dans ce qu'il nomme son "laboratoire". Grâce à une approche scientifique l'amenant à utiliser des procédés de haute technologie empruntés à la médecine et à la chimie, il invente gelées de légumes, glaces chaudes et autres bonbons à l'huile d'olive – façonnant chaque année un menu unique pouvant compter jusqu'à 32 plats. Chaque saison, ce sont quelque deux millions de personnes qui se disputent les huit mille places disponibles au sein d'*El Bulli*, espérant entrer dans le monde fabuleux du "seigneur" Adrià.

Moleculaire gastronomie, een relatief nieuwe en volledig andere stijl van voedselbereiding, heeft zijn weg gevonden naar de haute cuisine. De uitvinder van deze revolutionaire kookstijl, die zo sterk gewaardeerd wordt door fijnproevers, is superchef Ferran Adrià van het beroemde El Bulli. Een diner bij dit restaurant, dat reeds meerdere malen verkozen werd tot 's werelds beste, bestaat uit zo'n 32 verschillende gangen, stuk voor stuk gecreëerd in het "kooklaboratorium". Hier wendt Adrià een wetenschappelijke benadering en hoogtechnologische methoden aan uit de geneeskunde en chemie om bijvoorbeeld plantaardige jam, warm roomijs en snoepjes van olijfolie te maken. De bereiding is zo tijdrovend en arbeidsintensief dat elk seizoen slechts één enkel menu wordt aangeboden. Toch zijn er telkens weer zo'n twee miljoen reservatieaanvragen voor de 8.000 plekjes die per seizoen beschikbaar zijn.

When it comes to luxury, Dubai is the city of super-latives. In the sea off the coast, numerous groups of artificial islands are currently being created and arranged in the shape of palm trees, a map of the world, and soon, even in the shape of the universe with sun, moon, and stars. It's a gigantic dream world with thousands of hotels and luxury homes just wait-ing for high-paying visitors and residents. The first island group, the "Palm Jumeirah," opened in 2008. "Palm Deira," the largest island group, is scheduled for completion in 2014. Measuring the size of central Paris, it should eventually be home to over a million people.

En matière de luxe, Dubaï est le lieu de tous les super-latifs. Au large de la côte, un ensemble d'îles artificiel-les ont été construites, disposées selon la forme d'un palmier, d'une carte du monde – et même, bientôt, celle de l'univers composé d'un soleil, d'une lune et d'étoiles. Cette gigantesque copie du planisphère a pour vocation d'accueillir de nombreux hôtels et villas pour des particuliers fortunés. *"The Palm Jumeirah"*, qui a ouvert ses portes en 2008, est le premier en-semble achevé de ce type ; il précède de quelques années *"The Palm Deira"*, un complexe plus ambi-tieux encore prévu pour 2014. À terme, un million de personnes devraient pouvoir s'installer sur l'une des *îles artificielles de Dubaï*, au sein d'une surface avoisi-nant celle de la ville de Paris.

Wanneer het op luxe aankomt, is Dubai een stad van superlatieven. In de zee voor de kust worden mo-menteel verschillende groepen kunstmatige eilanden aangelegd en geschikt in de vorm van palmbomen, een wereldkaart en binnenkort zelfs in de vorm van het universum met een zon, een maan en sterren. Het is een gigantische droomwereld met duizenden hotels en luxevilla's die enkel nog wachten op be-zoekers en bewoners met heel veel geld. De eerste eilandengroep, "Palm Jumeirah", ging open in 2008. De voltooiing van "Palm Deira", de grootste eilanden-groep, is gepland voor 2014. Met een oppervlakte zo groot als centraal Parijs zou deze laatste uiteindelijk een thuis moeten bieden aan meer dan een miljoen mensen.

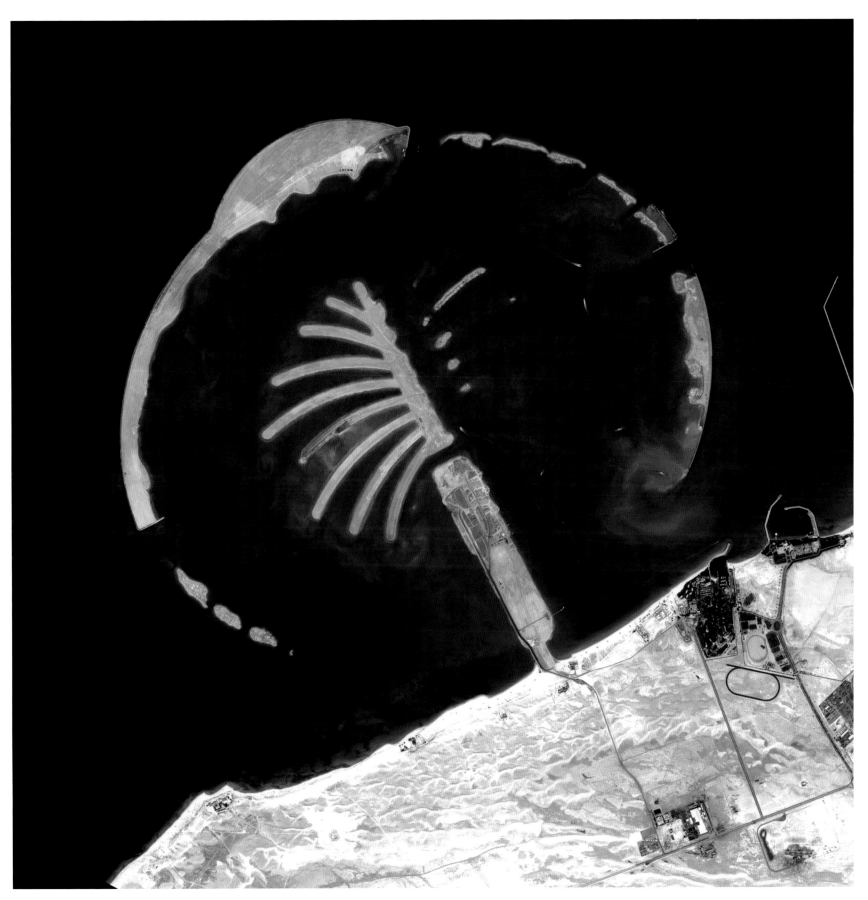

Robert Nest Marley was born in 1945 in Nine Miles, Jamaica, where his mausoleum now stands. As a singer, guitarist, songwriter, and originator of the band "The Wailers," Bob Marley was a founder and the most important representative of reggae, as well as an ambassador for the Rastafarian religious movement. In the 60's and 70's, he topped the charts worldwide with songs such as "I Shot the Sheriff" and "No Woman, No Cry." After a difficult battle with cancer, Bob Marley died on May 11, 1981, and was buried in his homeland.

Le Mausolée de Bob Marley, ou Robert Nest Marley, est situé à Nine Miles, en Jamaïque. C'est dans cette même ville qu'est né, en 1945, le leader charismatique jamais oublié du groupe *The Wailers*. Guitariste, chanteur, compositeur, il fut l'un des fondateurs de la musique reggae et le plus fervent représentant de la mouvance rastafari. Plusieurs de ses compositions – *I Shot the Sheriff* et *No Woman, No Cry* pour ne citer que les plus connues – ont cartonné au hit-parade dans les 1960 et 1970. Après avoir succombé à un cancer, le 11 mai 1981, il fut enterré dans son île natale.

Robert Nest Marley werd in 1945 geboren in Nine Miles, Jamaica, waar nu zijn mausoleum staat. Als zanger, gitarist, songwriter en stichter van de band "The Wailers" was Bob Marley een van de oprichters en belangrijkste vertegenwoordigers van de reggae-muziek en een ambassadeur voor de religieuze be-weging van de Rastafari. In de jaren '60 en '70 voerde hij wereldwijd de hitlijsten aan met songs als "I Shot the Sheriff" en "No Woman, No Cry". Na een moeilijke strijd tegen kanker overleed Bob Marley op 11 mei 1981 en werd hij begraven in zijn vaderland.

The main structure of the Itsukushima Shrine appears to float on the water—at high tide, anyway—directly in front of Miyajima, a small island in the middle of one of Japan's most beautiful landscapes near Hiroshima. At low tide its raised beams on posts are visible. This red wooden torii, a typical example of Japanese architecture from 1875, is one of the most photographed objects in Japan. Torii like this one mark the gateway between the sacred and the profane.

Située dans la magnifique baie d'Hiroshima, la petite île de Miyajima héberge Itsukushim, un grand sanctuaire qui semble littéralement happé par les eaux lorsque la marée monte. Lorsque la mer au contraire se retire, on aperçoit alors les poutres qui lui servent de fondations, et non loin de là son grand *Torii flottant*. Typique de l'architecture japonaise, ce portique en bois rouge construit en 1875 est un sujet photographique très populaire. Selon l'esprit du shintoïsme, les toriis tracent une frontière – marquant la limite entre l'espace profane et le monde du sacré.

De basisstructuur van het Itsukushima-schrijn lijkt wel op het water te drijven – toch zeker bij hoogtij. Het bevindt zich recht tegenover Miyajima, een klein eiland in het midden van een van de mooiste Japanse landschappen nabij Hiroshima. Bij laagtij zijn de opgeheven balken op twee pylonen zichtbaar. Deze rode, houten torii, een typisch voorbeeld van Japanse architectuur uit 1875, is een van de meest gefotografeerde objecten in Japan. Torii zoals deze vormen de poort tussen het heilige en het profane.

SPECIAL INTERESTS | INTERETS DIVERS | INTERESSEN | VARIA

Las Vegas, a gambler's paradise in the middle of the Nevada dessert, is also an attractive destination for many marriage-minded couples. The Little White Wedding Chapel on the Las Vegas Strip is famous for fast and glitzy weddings. Antique white benches, a red carpet, room for 25 guests, and any service the heart desires, such as a live feed over the Internet or a stretch limousine, are all ingredients for a personalized celebration. Many celebrities have also recited their vows here, including Frank Sinatra and Mia Farrow, and Bruce Willis and Demi Moore.

Las Vegas, dans le désert du Nevada, est un paradis bien connu des amateurs de jeux de hasard. Mais cette ville, hautement réputée, semblerait devenir également une destination attractive pour de nombreux couples souhaitant se marier. La *Little White Wedding Chapel* ("Petite Chapelle blanche des mariages"), située directement sur Las Vegas Strip, s'est en effet transformée peu à peu en un carrefour inévitable pour celles et ceux qui souhaitent réaliser un mariage "chic" et rapide. Tapis rouge, vieilles banquettes blanches pouvant accueillir vingt-cinq invités, retransmission de la cérémonie en direct sur Internet, départ minuté en limousine... Tout est prévu pour garantir une journée inoubliable. Ce n'est d'ailleurs pas pour rien que des couples de stars – tels que Frank Sinatra et Mia Farrow, ou encore Bruce Willis et Demi Moore – ont célébré leur union entre les murs de cette insolite chapelle.

Las Vegas, een gokparadijs middenin de Nevada woestijn, is ook een aantrekkelijke bestemming voor trouwlustige koppels. "The Little White Wedding Chapel" aan de Las Vegas Strip is beroemd voor haar snelle en blitse trouwplechtigheden. Antieke witte banken, een rood tapijt, plaats voor vijfentwintig gasten en elke trouwdienst die het hart zich maar kan wensen, zoals een live registratie via het internet of een stretchlimousine, het zijn allemaal ingrediënten voor een heel persoonlijke viering. Ook vele beroemdheden spraken hier hun huwelijksgeloften uit, zoals Frank Sinatra en Mia Farrow, en Bruce Willis en Demi Moore.

In 1948, the 38th parallel served to divide Korea into two political states, and it has remained the border between the Russian-backed Democratic People's Republic of Korea and the Western-oriented Republic of Korea ever since. Nationalistic motives were behind the Korean War, which was fought from 1951 to 1953. Technically, the war never ended, since only an Armistice Agreement was signed in 1953. This agreement again designated the 38th parallel as the roughly 248-kilometer-long demarcation line. In 2008, in what may have been a cautious step toward a treaty, two trains crossed the inter-Korean border for the first time in 50 years.

En 1948, le 38ᵉ parallèle a servi de repère pour diviser la Corée en deux États distincts, formant la ligne de démarcation entre le Nord, république populaire s'inspirant de l'ancienne Union Soviétique, et le Sud, pays allié de l'Occident. Motivée par des motifs politiques, la guerre de Corée (1951-1953) n'est techniquement toujours pas terminée, puisque seul un cessez-le-feu a été signé par les belligérants en 1953. C'est à cette occasion que le 38ᵉ parallèle, long de 248 kilomètres à hauteur de la péninsule de Corée, est devenu la ligne de démarcation entre les deux pays. En 2008, deux trains franchissaient pour la première fois en cinquante ans cette frontière, accomplissant enfin un pas significatif vers la paix.

De 38ˢᵗᵉ breedtegraad diende in 1948 als richtlijn voor de verdeling van Korea in twee politieke staten en vormt nu nog altijd de grens tussen de door Rusland gesteunde Democratische Volksrepubliek van Korea en de Westers georiënteerde Koreaanse Republiek. Nationalistische motieven lagen aan de basis van de Koreaanse Oorlog, die werd uitgevochten van 1951 tot 1953. Technisch gezien is deze oorlog nooit beëindigd omdat in 1953 alleen een Wapenstilstandsakkoord werd ondertekend. Deze overeenkomst duidde de 38ste breedtegraad aan als de ongeveer 248 kilometer lange demarcatielijn. In 2008 passeerden voor het eerst sinds 50 jaar twee treinen de grens tussen Noord- en Zuid-Korea, misschien een eerste voorzichtige stap naar een vredesverdrag.

Once just one of many tunnels in Paris, on August 31, 1997, the tunnel near Pont de l'Alma became the focus of international attention as the site of Lady Diana's fatal accident. The driver, under the influence of drugs and alcohol, lost control of the car carrying Lady Di, her boyfriend Dodi Al-Fayed, and a bodyguard while fleeing from paparazzi, and crashed into the tunnel's pillar thirteen. Lady Di died several hours later at the Pitié-Salpêtrière Hospital. Speculations about a conspiracy or murder plot continue to this day. Since 2007, a British Court has been trying to definitively clarify the cause of the accident.

Autrefois simple passage parisien, le *Tunnel du Pont de l'Alma* est désormais célèbre pour avoir été, le 31 août 1997, le théâtre de l'accident de la route qui coûta la vie à la princesse Diana. Le chauffeur, probablement sous l'emprise d'alcool, perdit le contrôle de son véhicule alors qu'il cherchait à semer une horde de paparazzis, et encastra sa Mercedes dans l'un des piliers du tunnel. Transportée à l'hôpital de la Pitié-Salpêtrière, Lady Di décéda quelques heures plus tard. L'accident coûta également la vie à son nouveau compagnon, Dodi Al-Fayed. Aujourd'hui encore, de nombreuses rumeurs d'assassinat ou de complot persistent. Depuis 2007, la justice britannique poursuit son enquête afin de déterminer les causes exactes de l'accident.

De tunnel dichtbij de "Pont de l'Alma", ooit gewoon een van de vele tunnels in Parijs, kreeg op 31 augustus 1997 plots alle internationale aandacht op zich gericht toen Lady Diana er betrokken raakte in een fataal ongeval. De chauffeur, onder de invloed van drugs en alcohol, verloor er –op de vlucht voor paparazzi – de controle over de wagen met daarin Lady Di, haar vriend Dodi Al-Fayed en een bodyguard en crashte tegen kolom nummer dertien. Lady Di overleed enkele uren later in het Pitié-Salpêtrière Hospitaal. Speculaties over een samenzwering of moordcomplot blijven tot vandaag de ronde doen. Sinds 2007 doet een Britse rechtbank pogingen om de oorzaak van het ongeval op te helderen.

Diana, Princess of Wales, born Spencer, lived from 1961 to 1997. |
Diana, Princesse de Galles née Spencer, a vécu de 1961 à 1997. |
Diana, Prinses van Wales, geboren Spencer, leefde van 1961 tot 1997.

Hot samba rhythms, scantily clad dancers, imaginative floats, and wild street parties around the clock—that's Carnival in Rio de Janeiro, Brazil, one of the largest street carnivals in the world. The colorful parade is organized by the city's Tourist Board and the League of Samba Schools. Each school selects a theme for the year. The schools are then judged on originality, rhythm, choreography, costumes, and floats. Thousands of dancers, both male and female, as well as many tourists, party the nights away until the victory celebration on Ash Wednesday.

Rythmes de samba endiablés, danseuses très légèrement vêtues, chars fantaisistes, ambiance festive tout au long de la nuit : nous sommes bien au *Carnaval de Rio*, l'un des plus grands festivals de rues au monde. La parade, haute en couleur, est organisée par l'office du tourisme et la Fédération des Écoles de Samba. Chacun des clubs représentés choisit tous les ans un nouveau thème et présente ses inventions à un jury chargé d'élire la meilleure troupe. Les critères de sélection ? L'originalité, le rythme, la chorégraphie, les costumes et, bien évidemment, la décoration du char ! Des milliers de danseurs et de spectateurs font alors la fête chaque nuit, jusqu'au fameux "Défilé des Champions" qui célèbre le "Mercredi des Cendres".

Zwoele sambaritmes, schaars geklede dansers en danseressen, fantasierijke praalwagens en wilde straatfeestjes op alle uren van dag en nacht – dat is carnaval in Rio de Janeiro, Brazilië, een van de grootste straatcarnavals ter wereld. De kleurrijke parade wordt georganiseerd door de toeristische dienst van de stad en de vereniging van sambascholen. Elke school selecteert een thema voor het jaar. De scholen worden vervolgens beoordeeld op originaliteit, ritme, choreografie, kostuums en praalwagens. Duizenden dansers - zowel mannen als vrouwen - en vele toeristen feesten dag en nacht door tot aan de overwinningsviering op Aswoensdag.

On November 22, 1963, U.S. President John F. Kennedy was assassinated during a campaign trip to Dallas, Texas. The president and his wife Jacqueline were riding in an open limousine when their motorcade turned from Houston Street onto Elm Street. Shots were allegedly fired from the sixth floor of the Texas School Book Depository. One bullet struck Kennedy in the head, fatally wounding him. A local dress manufacturer happened to capture the assassination using his home movie camera. Lee Harvey Oswald was arrested soon thereafter as the sole perpetrator, but questions about the assassination remain unanswered, fueling a number of conspiracy theories.

Le 22 novembre 1963, John F. Kennedy fut assassiné à Dallas. Alors que, dans le cadre de sa campagne électorale, le président des États-Unis sillonnait la ville dans une limousine décapotée en compagnie de son épouse, des coups de feu prétendument tirés du sixième étage du *Texas School Book Depository*, le touchèrent mortellement à la tête. La scène, qui se déroulait sur la *Dealey Plaza*, à l'angle de la Houston Street et de la Elm Street, a été filmée par un couturier local avec sa propre camera. Cet élément ne s'est pas avéré suffisant pour permettre aux enquêteurs d'éclairer les circonstances précises de l'attentat. Et pourtant, peu de temps après et malgré l'émergence d'innombrables théories de complot, un meurtrier présumé fut finalement désigné en la personne de Lee Harvey Oswald.

Op 22 november 1963 werd de Amerikaanse President John F. Kennedy vermoord tijdens een campagnetrip in Dallas, Texas. De president en zijn vrouw Jacqueline zaten in een open limousine toen hun autocolonne vanuit Houston Street Elm Street indraaide. Op dat moment werden er volgens de officiële versie schoten afgevuurd vanuit de zesde verdieping de Texas School Book Depository (opslagplaats voor schoolboeken van Texas). Eén kogel raakte Kennedy in het hoofd en verwondde hem fataal. Een plaatselijke kledingontwerper wist de moord met zijn videocamera vast te leggen. Lee Harvey Oswald werd hierna snel als de enige dader gearresteerd maar er blijven nog altijd vragen over de moordaanslag onbeantwoord. Een bron van inspiratie voor talrijke samenzweringstheorieën.

SPECIAL INTERESTS | INTERETS DIVERS | VARIA

Lee Harvey Oswald, 24, on November 22, 1963 in Dallas. | Lee Harvey Oswald, 24 ans, le 22 novembre 1963 à Dallas. | Lee Harvey Oswald, 24, op 22 november 1963 in Dallas.

The sniper's perch inside The Sixth Floor Museum at Dealey Plaza. | La fenêtre du tireur à l'intérieur du Sixth Floor Museum sur Dealey Plaza. | Het venster van de sluipschutter in het "The Sixth Floor Museum" op het Dealey Plaza

John Fitzgerald Kennedy (1917-1963) was the 35th President of the United States. | John Fitzgerald (1917-1963) fut le 35ᵉ Président des États-Unis. | John Fitzgerald Kennedy (1917–1963) was de 35ste President van de Verenigde Staten.

Anyone who rides a Harley, dreams of riding a Harley, or wants to experience the myth behind the cult motorcycle, sooner or later ends up at a Harley rally somewhere in the world. The Sturgis Rally in South Dakota is legendary. Every year since 1938, up to 250,000 bikers and bike freaks have been meeting here during the first weekend in August to ride in a week-long race and watch stunt shows and crashes. The often deafening festival includes mass day-trips to surrounding areas and celebrations involving lots of music and even more alcohol. Anyone who attends it once is sure to come again.

Le légendaire *Rallye de Sturgis*, dans le Dakota du Sud, fut inauguré en 1938. Chaque année, au début du mois d'août, cet événement réunit deux cent cinquante mille motards venus du monde entier. C'est alors une semaine de courses, de cascades et d'exhibitions qui se succèdent dans une atmosphère assourdissante. L'occasion pour les passionnés de grosses cylindrées de s'adonner à de longues virées dans les environs, et de participer à des concerts de rock où l'alcool coule à flots. Une expérience unique, que les habitués ne manqueraient pour rien au monde !

Iedereen die met een Harley rijdt, ervan droomt met een Harley te rijden of de mythe achter deze cultmotorfiets wil leren kennen, belandt vroeg of laat wel eens op een of andere Harleyrally. De Sturgis Rally in South Dakota is legendarisch. Elk jaar sinds 1938 komen hier tijdens het eerste weekend van augustus tot 250.000 bikers en motorfreaks samen om deel te nemen aan een race van een week en om stuntshows en crashes bij te wonen. Tijdens het vaak oorverdovend luide festival worden er ook massadagtochten georganiseerd naar naburige plaatsen en vieringen, met veel muziek en nog meer alcohol. Iedereen die er één keer aan deelneemt, komt vast en zeker terug.

SPECIAL INTERESTS | INTERETS DIVERS | VARIA

Rolling Stones guitarist Keith Richards, left, shares a laugh with Chuck Berry at Studio 54, Feb.28, 1980. | Le guitariste des Rolling Stones Keith Richards, à gauche, rit avec Chuck Berry au Studio 54, le 28 février 1980. | Rolling Stones gitarist Keith Richards, links, aan het dollen met Chuck Berry in Studio 54, 28 februari 1980.

It was both heaven and hell. Practically overnight, the "Studio 54" VIP disco in New York, opened on April 26, 1977, became the most famous and infamous nightclub in the world. Anyone able to get past the doorman was sure to find the hottest parties, uninhibited sex, excessive drug use, and well-known celebrities. Anything was possible, as long as it was extreme, extravagant, and exotic. Studio 54 was a regular haunt of stars from the music and film industry, including Sylvester Stallone, Bianca and Mick Jagger, Liz Taylor, and Freddie Mercury, as well as artists such as Andy Warhol. It closed in 1986, but later reopened in Las Vegas.

Discothèque ouverte à New York le 26 avril 1977, le *Studio 54* s'est rendu célèbre du jour au lendemain ! Paradis et enfer réunis dans un même lieu, ce club promet à celles et ceux qui parviennent à en franchir les portes les soirées les plus branchées et les plus chaudes qui soient. Sexe débridé et consommation massive de drogues caractérisent cet endroit controversé où de nombreuses stars – Liz Taylor, Sylvester Stallone, Bianca et Mick Jagger, Freddie Mercury et Andy Warhol en tête – ont élu domicile. Fermé en 1986, le *Studio 54* a recouvré une seconde jeunesse en ouvrant une nouvelle enseigne à Las Vegas.

Hemel en hel tegelijk. De "Studio 54" VIP-disco in New York opende haar deuren op 26 april 1977 en werd bijna meteen de beroemdste en beruchtste nachtclub ter wereld. Eenmaal je voorbij de portier geraakte, was je bijna zeker van de hotste parties, ongeremde seks, excessief drugsgebruik en bekende sterren. Alles was mogelijk zolang het maar extreem, extravagant en exotisch was. Studio 54 was een veelbezocht trefpunt voor sterren uit de muziek- en filmindustrie zoals Sylvester Stallone, Bianca en Mick Jagger, Liz Taylor en Freddie Mercury, en van kunstenaars als Andy Warhol. Ze sloot de deuren in 1986 om later opnieuw open te gaan in Las Vegas.

SPECIAL INTERESTS | INTERETS DIVERS | VARIA

Once signaling the start of Lent, Carnival has evolved over the centuries into a several-day celebration of the senses. The most famous Carnival of all takes place each year in Venice, when locals and visitors wearing imaginative costumes and traditional masks populate the City of Canals. First mentioned in 1094, the "Carnevale di Venezia" was at its most splendid and outrageous in the eighteenth century during Casanova's time. After Napoleon conquered Venice and gave it to Austria in 1797, Carnival was forgotten. Since 1980, however, it has again been a high point in the Venetian calendar.

Signalant autrefois le début du Carême, le carnaval est devenu au fil des siècles un festival qui se déroule sur plusieurs jours. Le *Carnaval de Venise*, sans conteste l'un des plus célèbres d'entre tous, invite touristes et autochtones à déambuler masqués et déguisés avec faste et démesure dans les rues. Mentionné pour la première fois dans un document daté de 1094, ses réjouissances y étaient particulièrement somptueuses et débridées au temps de Casanova, au XVIIIe siècle. Interdit en 1797 après que la ville eut été conquise par Napoléon et annexée par l'Autriche, le *Carnaval de Venise* est depuis 1980 de nouveau célébré, contribuant au rayonnement de la splendide "Cité des Doges".

Wat ooit begon als een viering van de start van de lente, is over de eeuwen heen geëvolueerd tot een meerdaags feest van de zintuigen. Het beroemdste carnaval ter wereld vindt elk jaar plaats in Venetië, waar de lokale bevolking en bezoekers fantasierijke kostuums dragen en traditionele maskers deze Stad der Kanalen domineren. Voor het eerst opgetekend in 1094, was het "Carnevale di Venezia" op zijn mooist en meest waanzinnig in de achttiende eeuw ten tijde van Casanova. Nadat Napoleon Venetië had veroverd en het in 1797 aan Oostenrijk had gegeven, raakte het Carnaval er in de vergetelheid. Maar sinds 1980 staat het opnieuw hoog op de Venetiaanse kalender.

The first international film festival in the city of Cannes on the French Riviera opened in 1939. Held every year since 1946, the Cannes Film Festival has since become one of the most important events in the film industry. Prizes are awarded by an international jury, the most distinguished being the "Palm d'Or" (Golden Palm) for Best Feature Film. Other prizes are awarded for specific categories, such as best actor, best director, and best screenplay. The trophies are the product and creation of the Geneva jeweler Chopard. Film buffs and sightseers alike travel to Cannes to get a close-up glimpse of their favorite idols as they walk the red carpet.

Le premier *Festival de Cannes* fut inauguré en 1939. Cette manifestation, qui compte désormais parmi les principaux événements dans l'industrie du cinéma, réunit chaque année depuis 1946 un jury international chargé de décerner de nombreuses récompenses, parmi lesquelles la prestigieuse Palme d'Or. C'est le célèbre bijoutier genevois Chopard qui réalise et offre les précieux trophées, devenus mythiques. Mais le *Festival de Cannes* est également l'occasion pour de nombreux curieux, cinéphiles ou non, d'approcher les plus grandes stars du moment, venues nombreuses sur la *"French Riviera"* pour fouler le célèbre tapis rouge.

Het eerste internationale filmfestival in de stad Cannes vond plaats in 1939. Het Filmfestival van Cannes, dat sinds 1946 elk jaar onafgebroken wordt georganiseerd, is sindsdien uitgegroeid tot een van de belangrijkste evenementen voor de filmindustrie. Een internationale jury kent de prijzen toe, met als meest prestigieuze de "Palm d'Or" (Gouden Palm) voor Beste Speelfilm. Nog andere prijzen worden toegekend voor specifieke categorieën zoals beste acteur, beste regisseur en beste filmscript. De trofeeën zijn een product en creatie van juwelier Chopard uit Genève. Filmfans en toeristen trekken elk jaar naar Cannes aan de Franse Rivièra om een glimp op te vangen van hun favoriete idolen terwijl die over de rode loper stappen.

From Diana Ross in 1973 to Sharon Stone, here in 2005, Cannes sees a glamourous wave unfurling every year during the Film Festival. | De Diana Ross en 1973 à Sharon Stone, ici en 2005, Cannes voit déferler une vague de glamour chaque année durant le Festival du Film. | Van Diana Ross in 1973 tot Sharon Stone, hier in 2005, Cannes verandert elk jaar tijdens het Filmfestival in een wereld van glitter en glamour.

Martin Luther King, Jr., embodied the hopes of many African Americans and was the symbol of nonviolent resistance and equal rights. He was a Baptist minister, an American civil-rights activist, and a Nobel Peace Prize recipient. On April 4, 1968, as he stood on the balcony of the Lorraine Motel in Memphis, Tennessee, King was gunned down by a sniper. His death provoked nationwide riots in which 39 people died and around 10,000 were arrested. When the alleged murderer James Earl Ray withdrew his confession, many conspiracy theories arose. To this day, the story behind the assassination remains unclear.

Pasteur baptiste, fervent militant en faveur des droits civiques et prix Nobel de la Paix, Martin Luther King symbolise pour de nombreux Noirs américains la lutte non violente contre l'oppression et l'espoir d'une égalité de droits entre les races. Le 4 avril 1968, il a été assassiné sur la terrasse du *Lorraine Motel* de Memphis, au Tennessee. Sa mort, causant une immense vague d'émeutes dans tout le pays, provoqua indirectement la mort de trente-neuf personnes et l'arrestation d'environ dix mille autres. James Earl Ray, son meurtrier présumé, a tout d'abord avoué son acte avant de se rétracter, favorisant l'émergence de rumeurs d'un complot. À ce jour, les circonstances exactes de l'assassinat n'ont toujours pas été élucidées.

Martin Luther King Jr. belichaamde de hoop van vele Afro-Amerikanen en stond symbool voor geweldloos verzet en gelijke rechten. Hij was een doopsgezinde dominee, een Amerikaans burgerrechtenactivist en had de Nobelprijs voor de Vrede ontvangen. Op 4 april 1968, toen hij op het balkon stond van het Lorraine Motel in Memphis, Tennessee, werd King neergeschoten door een scherpschutter. Zijn dood leidde tot rellen over het hele land waarin 39 mensen het leven lieten en ongeveer 10.000 werden gearresteerd. Toen de vermeende moordenaar James Earl Ray zijn bekentenis introk, gaf dit aanleiding tot heel wat samenzweringstheorieën. Tot op de dag van vandaag blijft het verhaal achter de moord onduidelijk.

For party people, it's the ultimate once-a-month thrill. On every full-moon night, from seven to ten thousand people gather on the Haad Rin Nok Beach on the southeastern side of the island of Koh Phangan in Thailand to celebrate and dance to the techno, trance, drum and bass, and reggae music played by a DJ. Jugglers, fire-eaters, random fireworks, restaurants, and bars round out this mega-event for young people from all over the world. It all started in the late 1980's with a small bonfire on the beach where friends met under the full moon because this was where it shone most beautifully.

Pour tous les "oiseaux de nuit", la *Full Moon Party* est l'événement mensuel incontournable. Organisée à l'occasion de chaque pleine lune sur la plage de Had-Rin-Nok, sur l'île de Koh Phangan en Thaïlande, elle attire régulièrement sept à dix mille noctambules qui viennent y danser toute la nuit en écoutant une sélection pointue de morceaux techno, reggae, trance et drum. Jongleurs et cracheurs de feu sont aussi de la fête, évoluant autour des bars et des restaurants bondés, avant qu'un somptueux feu d'artifice clôture l'événement. C'est à la fin des années 1980 que la *Full Moon Party* a pris son envol, lorsque des petits groupes d'amis ont commencé à se retrouver spontanément sur la plage pour apprécier ensemble le clair de lune.

Fuifbeesten krijgen van dit maandelijkse gebeuren de ultieme kick. Bij elke volle maan komen zeven- tot tienduizend mensen samen op Haad Rin Nok Beach aan de zuidoostkant van het eiland Koh Phangan in Thailand om te feesten en te dansen op techno, trance, drum & bass en reggaemuziek. Jongleurs, vuurspuwers, vuurwerk allerhande, restaurants en bars completeren dit mega-evenement voor jongeren van over de hele wereld. Het begon allemaal in de late jaren '80 met een klein kampvuur op het strand en enkele vrienden die met volle maan samenkwamen omdat deze hier het mooiste was.

SPECIAL INTERESTS | INTERETS DIVERS | VARIA

Founded in 1636 in Cambridge, Massachusetts, this private university is not only the oldest but also the most elite, prestigious, and richest university in the United States. Several U.S. presidents, including John F. Kennedy and Barack Obama, many Nobel laureates, and even Microsoft's founder Bill Gates have attended Harvard University at one time or another. Only ten percent of the applicants from each semester meet the extremely stringent admission criteria and—as, for example, in the 2008–2009 academic year—pay up to 47,000 dollars in tuition and fees.

Fondée en 1636 à Cambridge, dans le Massachusetts, l'*Université de Harvard* est non seulement la plus ancienne des facultés américaines, mais aussi la plus renommée, la plus élitiste et la plus riche de toutes. Plusieurs présidents des États-Unis, dont John F. Kennedy et Barack Obama, comptent parmi les diplômés de la prestigieuse institution, ainsi que de nombreux prix Nobel et le célèbre fondateur des logiciels Microsoft, Bill Gates. Seulement dix pour cent des aspirants étudiants y sont cependant admis chaque semestre du fait des très stricts critères d'admission. Ils doivent ensuite pouvoir s'acquitter de frais de scolarité très élevés, s'élevant pour l'année 2008/2009 à 47 000 dollars.

Deze particuliere universiteit, opgericht in 1636 in Cambridge, Massachusetts, is niet alleen de oudste maar ook de meest elitaire, prestigieuze en rijkste universiteit van de Verenigde Staten. Verschillende Amerikaanse presidenten, zoals John F. Kennedy en Barack Obama, talrijke Nobel-laureaten en zelfs Microsoft-boegbeeld Bill Gates hebben hier op een bepaald ogenblik college gevolgd. Slechts tien procent van de kandidaten beantwoordt aan de uiterst strenge toelatingscriteria en mag, zoals bijvoorbeeld in het academiejaar 2008–2009, tot 47.000 dollar aan les- en inschrijfgelden betalen.

Harvard accepts an average of 10% of applicants each year. | Harvard accepte une moyenne de 10% des postulants chaque année. | Harvard aanvaardt elk jaar gemiddeld 10% van de kandidaten.

VERITAS, means "truth" and is the motto of Harvard. | VERITAS signifie "vérité" et est la devise de Harvard. | VERITAS betekent "waarheid" en is het motto van Harvard.

The John Harvard Statue. | La Statue de John Harvard. | Het standbeeld van John Harvard.

SPECIAL INTERESTS | INTERETS DIVERS | VARIA

Wall Street 16
© Eisenhart Keimeyer (p.16 top)
© Fotolia *Xavier* (p.16 bottom)
© Martin N. Kunz (p.17)
© AP Images (p 18-19)

Juliet's Balcony 20
© AP Images (p.20)
© Fotolia *andy88b* (p.21)

Walk of Fame 22
© Martin N. Kunz (p.22)
© Nathalie Grolimund (p.23 top)
© AP Images (p.23 bottom)

Cimetière du Père Lachaise 24
© AP Images (p.24 bottom)
© Fotolia *Diana* (p.24 top right)
© Matthias Just

Hollywood Sign 28
© www.hollywoodphotographs.com (p.29)
© Nathalie Grolimund (p.28)

Bubba Gump Shrimp Co 30
www.bubbagump.com
© Jennifer Davis

Katz's Delicatessen 32
www.katzdeli.com
© Claudia Hehr (p.32, p.33)

Moulin Rouge 34
www.moulinrouge.fr
© Moulin Rouge ®

Rick's Café 38
© Getty Images (p.39)
© AP Images (p.38)

Woodstock 40
© AP Images

Trevi Fountain 42
© Martin N. Kunz (p.42, p.43 right)
© Eric Grolimund (p.43 left)

Mount Rushmore 44
© AP Images (p.44)
© Fotolia *Jonathan Larsen* (p.45)

Tiffany's 46
© AP Images (p.47)
© Eisenhart Keimeyer (p.46)

Grauman's Chinese Theater 48
© AP Images (p.48)
© Nathalie Grolimund (p.49)

Taos, Easy Rider 50
© SONY PICTURES

Hard Rock Café 52
www.hardrock.com
© Hard Rock Cafe
The HARD ROCK CAFE logo is a registered trademark of Hard Rock Cafe International (USA), Inc. and its affiliates. Use of the photographs and trademarks are courtesy of Hard Rock Cafe INternational (USA), Inc. All rights reserved.

Notting Hill 54
© AP Images

Red Square 60
© AP Images (p.61)
© Fotolia *mnn* (p.60 bottom)
© Fedor Alekseev (p.60 top)

Empire State Building 62
© Martin N. Kunz
© AP Images (p.63 right)

Westminster Abbey 64
© AP Images (p.64)
© Peter Clayman (p.65 bottom)
© Dean and Chapter of Westminster (p.65 top)

Panama Canal 66
© AP Images (p.66)
© Fotolia *searagen* (p.67)

Eiffel Tower 68
www.toureiffel.fr
© Tour Eiffel – illuminations Pierre Bideau (p.68)
© Michelle Galindo (p.69 left)
© Martin N. Kunz (p.69 right)
© Collection Tour Eiffel (p.70-71)

Atomium 72
www.atomium.com
© asbl Atomium – SABAM Belgium 2009

Statue of Liberty 74
© AP Images (p.74 top)
© Claudia Hehr (p.74 bottom, p.75)

Alcatraz 76
© AP Images (p.76 left, p.77 top left)
© Fotolia *pmphoto* (p.76 right); *Albo (p.77)*
© Jennifer Davis (p.78-79)

Kremlin 80
© AP Images (p.81)
© Fotolia *Features_4u* (p.80)

Brooklyn Bridge 82
© AP Images (p.82)
© Claudia Hehr (p.83 left)
© Martin N. Kunz (p.83 right)

Neuschwanstein Castle 84
© Fotolia *Alberto Scardigli* (p.85)

White House / Oval Office 86
© AP Images (p.87)
© Ariane Preusch (p.86)

Arc de Triomphe 88
© Matthias Just (p.88)
© AP Images (p.89)
© Nathalie Grolimund (p.90-91)

Buckingham Palace 92
© Peter Clayman (p.92 top)
© AP Images (p.93)
© CARO (p.92 bottom)

Taj Mahal 94
© Getty Images

Golden Gate Bridge 96
© AP Images (p.96)
© Nathalie Grolimund (p.97 left)
© Michelle Galindo (p.97 right)

Big Ben 98
© AP Images (p.98)
© Peter Clayman (p.99)

Notre-Dame de Paris 100
© Matthias Just

Sistine Chapel 104
© AP Images (p.105)
© Fotolia *Vladislav Gajic* (p.104)

Versailles 106
www.chateauversailles.fr
© Fotolia *Davido* (p.106)
© AP Images (p.107 top)
© Christian Milet (p.107 center, bottom)

Pentagon 108
www.pentagon.afis.osd.mil
© AP Images (p.108)
© DOD by Robert D Ward (p.109 left)
© DOD by Myles Cullen (p.109 right)

Millau Viaduct 110
www.viaducdemillau.com
© EIFFAGE CEVM / Foster & Partners / D. Jamme

Manneken Pis 112
© Getty Images (p.112)
© Fotolia *Eishier* (p.113)

Colosseum 114
© Michelle Galindo
© Fotolia *Gérard Véclin* (p.115 top left); *snow_wons* (p.115 bottom left)

Mount Everest   230
© Bobby Model, National Geographic Image Collection Barry
C. Bishop, National Geographic Image Collection
© Fotolia MARTA KACZYNSKA (p.232)
© AP Images (p.233)

Death Valley   234
© Eric Grolimund

Mont Saint Michel   236
© AP Images (p.236 top)
© Fotolia Elena Gueno (p.236 bottom)
© Katharina Feuer (p.237)

Cape of Good Hope   238
© Getty Images

Mount Fujiyama   240
© JNTO (Japan National Tourism Office)
Akira Okada (p.240) and Y.Shimizu (p.241)

Everglades   242
© Fotolia Stephen Finn (p.242 top left);
Phil (p.242 top right);
John Anderson (p.242 bottom);
Andy Cliff (p.243)

Pikes Peak   244
© Fotolia Evan Meyer (p.244);
quietlight57 (p.245)

Table Mountain   246
© Fotolia sculpies

Niagara Falls   248
© Niagara Falls Tourism (p.248-249)
© AP Images (p.250)
© Fotolia (p.251)

Great Barrier Reef   252
© Fotolia Ian Scott (p.252);
wilmar huisman (p.253)

Cap Horn   254
© Getty Images (p.254)
© Fotolia Achim Baqué (p.255 right)

Dead Sea   256
© Israel Ministry of Tourism - www.goisrael.com
© Seacret Spa LLC - www.SeacretSpa.com

Grand Canyon   258
© Fotolia PictureLake (p.258 top);
markrhiggins (p.258 bottom)
© Eric Grolimund (p.259)

Ayers Rock   260
© Fotolia Horticulture (p.260 top);
Ashley Whitworth (p.260 bottom);
Joe Feltham (p.261 top)
© Andy Holmes (p.261 bottom)

Victoria Falls   262
© Fotolia nikonanista (p.262);
Patalpin (p.263)

Machu Picchu   268
© Getty Images

Grave of St James   270
© Fotolia Katja Wickert (p.270);
Jakob Jeske (p.271 top);
Peter Hilger (p.271 bottom)

Petersdome   272
© Getty Images (272)
© Fotolia neurobite (p.273 left);
Agb (p.273 right); WH CHOW (p.275)
© Martin N. Kunz (p.274)

Stonehenge   276
© Getty Images
© AP Images (p.276 right)

Chichen Itza   278
© Fotolia Stephen Sweet (p.278 top);
Dmitry Rukhlenko (p.278 bottom);
zeropassy (p.279)

The Wailing Wall   280
© Israel Ministry of Tourism - www.goisrael.com

Mount Athos   284
© Fotolia Fotografik (p.284)
© Getty Images (p.285)

Oracle of Delphi   286
© UNESCO (p.286)
© AP Images (p.287)

Valley of the Kings   288
© Francis Dzikowski - Theban Mapping Project (p.288)
www.thebanmappingproject.com
© Fotolia Cambo (p.289); Jens Teichmann (p.290)
© Egyptian Travel (p.291)

Benares, Gange Bank   292
© AP Images
© Fotolia PictureLake (p.293 right)

Christ the Redeemer   294
© Gavin Jackson (p.294)
© AP Images (p.295)
© Getty Images (p.296)

Mecca   298
© AP Images

Nazca Lines   300
© Fotolia Jgz (p.300, p.301 right)
© AP Images (p.301 left)

Acropolis   302
© Fotolia Smith&Smith (p.302);
vlas2002 (p.303)

Mount Sinai   304
© Fotolia George Muresan (p.304, p.305 top);
Frank Axelsen (p.305 bottom)

Lourdes   306
© Getty Images (p.306)
© Fotolia Aurélie Quillere (p.307)

The Cavern Club   312
www.cavernclub.org
© The Cavern Club, Liverpool

Kennedy-Space-Center   314
www.kennedyspacecenter.com
© NASA

OAHU'S NORTH SHORE   318
© AP Images

Le Rocher (the Rock)   320
© www.visitmonaco.com / DTC
© AP Images (p.323)

Times Square   324
© Martin N. Kunz (p.324-325)
© AP Images (p.326-327)

Playboy Mansion   328
© AP Images

AMARC   332
www.amarcexperience.com
© Fred Stockwell - www.stockwellphotos.com

Fort Knox   336
© AP Images

Harrods   338
www.harrods.com
© Harrods